大乘起信论

中国佛学经典宝藏

69

萧萐父 释译

星云大师总监修

人民东方出版传媒
东方出版社

图书在版编目（CIP）数据

大乘起信论／萧萐父 释译 . —北京：东方出版社，2020.2
（中国佛学经典宝藏）
ISBN 978-7-5060-8481-9

I.①大⋯　Ⅱ.①萧⋯　Ⅲ.①大乘—佛经　Ⅳ.① B942.1

中国版本图书馆 CIP 数据核字（2015）第 248221 号

大乘起信论
（ DACHENG QIXIN LUN ）

释 译 者：萧萐父
责任编辑：王梦楠　杨　灿
出　　版：东方出版社
发　　行：人民东方出版传媒有限公司
地　　址：北京市东城区朝阳门内大街 166 号
邮　　编：100010
印　　刷：华睿林（天津）印刷有限公司
版　　次：2020 年 2 月第 1 版
印　　次：2025 年 5 月第 7 次印刷
开　　本：880 毫米 ×1230 毫米　1/32
印　　张：8.75
字　　数：157 千字
书　　号：ISBN 978-7-5060-8481-9
定　　价：52.00 元
发行电话：（010）85924663　85924644　85924641

总序

星云

自读首楞严，从此不尝人间糟糠味；

认识华严经，方知已是佛法富贵人。

诚然，佛教三藏十二部经有如暗夜之灯炬、苦海之宝筏，为人生带来光明与幸福，古德这首诗偈可说一语道尽行者阅藏慕道、顶戴感恩的心情！可惜佛教经典因为卷帙浩瀚、古文艰涩，常使忙碌的现代人有义理远隔、望而生畏之憾，因此多少年来，我一直想编纂一套白话佛典，以使法雨均沾，普利十方。

一九九一年，这个心愿总算有了眉目。是年，佛光山在广州市召开"白话佛经编纂会议"，将该套丛书定名为《中国佛教经典宝藏》①。后来几经集思广益，大家决

---

① 编者注：《中国佛教经典宝藏》丛书，大陆出版时改为《中国佛学经典宝藏》丛书。

定其所呈现的风格应该具备下列四项要点：

一、启发思想：全套《中国佛教经典宝藏》共计百余册，依大乘、小乘、禅、净、密等性质编号排序，所选经典均具三点特色：

1. 历史意义的深远性
2. 中国文化的影响性
3. 人间佛教的理念性

二、通顺易懂：每册书均设有原典、注释、译文等单元，其中文句铺排力求流畅通顺，遣词用字力求深入浅出，期使读者能一目了然，契入妙谛。

三、文简意赅：以专章解析每部经的全貌，并且搜罗重要的章句，介绍该经的精神所在，俾使读者对每部经义都能透彻了解，并且免于以偏概全之谬误。

四、雅俗共赏：《中国佛教经典宝藏》虽是白话佛典，但亦兼具通俗文艺与学术价值，以达到雅俗共赏、三根普被的效果，所以每册书均以题解、源流、解说等章节，阐述经文的时代背景、影响价值及在佛教历史和思想演变上的地位角色。

兹值佛光山开山三十周年，诸方贤圣齐来庆祝，历经五载、集二百余人心血结晶的百余册《中国佛教经典宝藏》也于此时隆重推出，可谓意义非凡，论其成就，则有四点可与大家共同分享：

一、**佛教史上的开创之举**：民国以来的白话佛经翻译虽然很多，但都是法师或居士个人的开示讲稿或零星的研究心得，由于缺乏整体性的计划，读者也不易窥探佛法之堂奥。有鉴于此，《中国佛教经典宝藏》丛书突破窠臼，将古来经律论中之重要著作，做有系统的整理，为佛典翻译史写下新页！

二、**杰出学者的集体创作**：《中国佛教经典宝藏》丛书结合北京、南京各地名校的百位教授、学者通力撰稿，其中博士学位者占百分之八十，其他均拥有硕士学位，在当今出版界各种读物中难得一见。

三、**两岸佛学的交流互动**：《中国佛教经典宝藏》撰述大部分由大陆饱学能文之教授负责，并搜录台湾教界大德和居士们的论著，借此衔接两岸佛学，使有互动的因缘。编审部分则由台湾和大陆学有专精之学者从事，不仅对大陆研究佛学风气具有带动启发之作用，对于海峡两岸佛学交流更是帮助良多。

四、**白话佛典的精华集萃**：《中国佛教经典宝藏》将佛典里具有思想性、启发性、教育性、人间性的章节做重点式的集萃整理，有别于坊间一般"照本翻译"的白话佛典，使读者能充分享受"深入经藏，智慧如海"的法喜。

今《中国佛教经典宝藏》付梓在即，吾欣然为之作序，并借此感谢慈惠、依空等人百忙之中，指导编修；吉广舆等人奔走两岸，穿针引线；以及王志远、赖永海等大陆教授的辛勤撰述；刘国香、陈慧剑等台湾学者的周详审核；满济、永应等"宝藏小组"人员的汇编印行。由于他们的同心协力，使得这项伟大的事业得以不负众望，功竟圆成！

《中国佛教经典宝藏》虽说是大家精心擘画、全力以赴的巨作，但经义深邃，实难尽备；法海浩瀚，亦恐有遗珠之憾；加以时代之动乱，文化之激荡，学者教授于契合佛心，或有差距之处。凡此失漏必然甚多，星云谨以愚诚，祈求诸方大德不吝指正，是所至祷。

一九九六年五月十六日于佛光山

原版序
敲门处处有人应

慈惠

　　《中国佛教经典宝藏》是佛光山继《佛光大藏经》之后，推展人间佛教的百册丛书，以将传统《大藏经》精华化、白话化、现代化为宗旨，力求佛经宝藏再现今世，以通俗亲切的面貌，温渥现代人的心灵。

　　佛光山开山三十年以来，家师星云上人致力推展人间佛教，不遗余力，各种文化、教育事业蓬勃创办，全世界弘法度化之道场应机兴建，蔚为中国现代佛教之新气象。这一套白话精华大藏经，亦是大师弘教传法的深心悲愿之一。从开始构想、擘画到广州会议落实，无不出自大师高瞻远瞩之眼光，从逐年组稿到编辑出版，幸赖大师无限关注支持，乃有这一套现代白话之大藏经问世。

　　这是一套多层次、多角度、全方位反映传统佛教文化的丛书，取其精华，舍其艰涩，希望既能将《大藏经》

深睿的奥义妙法再现今世，也能为现代人提供学佛求法的方便舟筏。我们祈望《中国佛教经典宝藏》具有四种功用：

一、是传统佛典的精华书

中国佛教典籍汗牛充栋，一套《大藏经》就有九千余卷，穷年皓首都研读不完，无从赈济现代人的枯槁心灵。《宝藏》希望是一滴浓缩的法水，既不失《大藏经》的法味，又能有稍浸即润的方便，所以选择了取精用弘的摘引方式，以舍弃庞杂的枝节。由于执笔学者各有不同的取舍角度，其间难免有所缺失，谨请十方仁者鉴谅。

二、是深入浅出的工具书

现代人离古愈远，愈缺乏解读古籍的能力，往往视《大藏经》为艰涩难懂之天书，明知其中有汪洋浩瀚之生命智慧，亦只能望洋兴叹，欲渡无舟。《宝藏》希望是一艘现代化的舟筏，以通俗浅显的白话文字，提供读者遨游佛法义海的工具。应邀执笔的学者虽然多具佛学素养，但大陆对白话写作之领会角度不同，表达方式与台湾有相当差距，造成编写过程中对深厚佛学素养与流畅白话语言不易兼顾的困扰，两全为难。

三、是学佛入门的指引书

佛教经典有八万四千法门，门门可以深入，门门是无限宽广的证悟途径，可惜缺乏大众化的入门导览，不易寻觅捷径。《宝藏》希望是一支指引方向的路标，协助十方大众深入经藏，从先贤的智慧中汲取养分，成就无上的人生福泽。

四、是解深入密的参考书

佛陀遗教不仅是亚洲人民的精神皈依，也是世界众生的心灵宝藏。可惜经文古奥，缺乏现代化传播，一旦庞大经藏沦为学术研究之训诂工具，佛教如何能扎根于民间？如何普济僧俗两众？我们希望《宝藏》是百粒芥子，稍稍显现一些须弥山的法相，使读者由浅入深，略窥三昧法要。各书对经藏之解读诠释角度或有不足，我们开拓白话经藏的心意却是虔诚的，若能引领读者进一步深研三藏教理，则是我们的衷心微愿。

大陆版序一

(签名)

　　《中国佛教经典宝藏》是一套对主要佛教经典进行精选、注译、经义阐释、源流梳理、学术价值分析，并把它们翻译成现代白话文的大型佛学丛书，成书于二十世纪九十年代，由台湾佛光文化事业有限公司出版，星云大师担任总监修，由大陆的杜继文、方立天以及台湾的星云大师、圣严法师等两岸百余位知名学者、法师共同编撰完成。十几年来，这套丛书在两岸的学术界和佛教界产生了巨大的影响，对研究、弘扬作为中国传统文化重要组成部分的佛教文化，推动两岸的文化学术交流发挥了十分重要的作用。

　　《中国佛学经典宝藏》则是《中国佛教经典宝藏》的简体字修订版。之所以要出版这套丛书，主要基于以下的考虑：

　　首先，佛教有三藏十二部经、八万四千法门，典籍浩瀚，博大精深，即便是专业研究者，穷其一生之精力，恐也难阅尽所有经典，因此之故，有"精选"之举。

其次，佛教源于古印度，汉传佛教的经论多译自梵语；加之，代有译人，版本众多，或随音，或意译，同一经文，往往表述各异。究竟哪一种版本更契合读者根机？哪一个注疏对读者理解经论大意更有助益？编撰者除了标明所依据版本外，对各部经论之版本和注疏源流也进行了系统的梳理。

再次，佛典名相繁复，义理艰深，即便识得其文其字，文字背后的义理，诚非一望便知。为此，注译者特地对诸多冷僻文字和艰涩名相，进行了力所能及的注解和阐析，并把所选经文全部翻译成现代汉语。希望这些注译，能成为修习者得月之手指、渡河之舟楫。

最后，研习经论，旨在借教悟宗、识义得意。为了将其思想义理和现当代价值揭示出来，编撰者对各部经论的篇章品目、思想脉络、义理蕴涵、学术价值等所做的发掘和剖析，真可谓殚精竭虑、苦心孤诣！当然，佛理幽深，欲入其堂奥、得其真义，诚非易事！我们不敢奢求对于各部经论的解读都能鞭辟入里，字字珠玑，但希望能对读者的理解经义有所启迪！

习近平主席最近指出："佛教产生于古代印度，但传入中国后，经过长期演化，佛教同中国儒家文化和道家文化融合发展，最终形成了具有中国特色的佛教文化，给中国人的宗教信仰、哲学观念、文学艺术、礼仪习俗等留下了深刻影响。"如何去研究、传承和弘扬优秀佛教文化，是摆在我们面前的一个重要课题，人民东方出版传媒有限公司拟对繁体字版的《中国佛教经典宝藏》进行修订，并出版简体字版的《中国佛学经典宝藏》，随喜赞叹，寥寄数语，以叙因缘，是为序。

二〇一六年春于南京大学

大陆版序二

依空

　　身材高大、肤色白皙、擅长军事的雅利安人，在公元前一千五百多年从中亚攻入西北印度，把当地土著征服之后，为了彻底统治这里的人民，建立了牢不可破的种姓制度，创造了无数的神祇，主要有创造神梵天、破坏神湿婆、保护神毗婆奴。人们的祸福由梵天决定，为了取悦梵天大神，需要透过婆罗门来沟通，因为他们是从梵天的口舌之中生出，懂得梵天的语言——繁复深奥的梵文，婆罗门阶级是宗教祭祀师，负责教育，更掌控了神与人之间往来的话语权。四种姓中最重要的是刹帝利，举凡国家的政治、经济、军事、文化等都由他们实际操作，属贵族阶级，由梵天的胸部生出。吠舍则是士农工商的平民百姓，由梵天的膝盖以上生出。首陀罗则是被踩在梵天脚下的土著。前三者可以轮回，纵然几世轮转都无法脱离原来种姓，称为再生族；首陀罗则连轮回的因缘都没有，为不生族，生生世世为首陀罗，子孙也倒霉跟着宿命，无法改变身份。相对于此，贱民比首陀罗更为卑微、低贱，连四种姓都无法跻身其中，只能从事挑粪、焚化尸体等最卑贱、龌龊的工作。

出身于高贵种姓释迦族的悉达多太子，为了打破种姓制度的桎梏，舍弃既有的优越族姓，主张一切众生皆平等，成正等觉，创立了佛教僧团。为了贯彻佛教的平等思想，佛陀不仅先度首陀罗身份的优婆离出家，后度释迦族的七王子，先入山门为师兄，树立僧团伦理制度。佛陀更严禁弟子们用贵族的语言——梵文宣讲佛法，而以人民容易理解的地方口语来演说法义，这就是巴利文经典的滥觞。佛陀认为真理不应该是属于少数贵族、知识分子的专利或装饰，而应该更贴近普罗大众，属于平民百姓共有共知。原来佛陀早就在推动佛法的普遍化、大众化、白话化的伟大工作。

佛教从西汉哀帝末年传入中国，历经东汉、魏晋南北朝、隋唐的漫长艰巨的译经过程，加上历代各宗派祖师的著作，积累了庞博浩瀚的汉传佛教典籍。这些经论义理深奥隐晦，加以书写的语言文字为千年以前的古汉文，增加现代人阅读的困难，只能望着汗牛充栋的三藏十二部扼腕慨叹，裹足不前。

如何让大众轻松深入佛法大海，直探佛陀本怀？佛光山开山宗长星云大师乃发起编纂《中国佛教经典宝藏》。一九九一年，先在广州召开"白话佛经编纂会议"，订定一百本的经论种类、编写体例、字数等事项，礼聘中国社科院的王志远教授、南京大学的赖永海教授分别为大陆北方与南方的总联络人，邀请大陆各大学的佛教学者撰文，后来增加台湾部分的三十二本，是为一百三十二册的《中国佛教经典宝藏精选白话版》，于一九九七年，作为佛光山开山三十周年的献礼，隆重出版。

六七年间我个人参与最初的筹划，多次奔波往来于大陆与台湾，小心谨慎带回作者原稿，印刷出版、营销推广。看到它成为佛教徒家中的传家宝藏，有心了解佛学的莘莘学子的入门指南书，为星云大师监修此部宝藏的愿心深感赞叹，既上契佛陀"佛法不舍一众"的慈悲本怀，更下启人间佛教"普世益人"的平等精神。尤其可喜者，欣闻现大陆出版方东方出版社潘少平总裁、彭明哲副总编亲自担纲筹划，组织资深编辑精校精勘；更有旅美企业家鲁彼德先生事业有成之际，秉"十方来，十方去，共成十方事"之襟怀，促成简体字版《中国佛学经典宝藏》的刊行。今付梓在即，是为序，以表随喜祝贺之忱！

二〇一六年元月

目 录

题解

一部奇书

在现存的汉文佛教典籍中,《大乘起信论》(以下简称《起信论》)可以称作一部奇书。之所以称它是部奇书,是由于这部仅有一万一千字的论著,其流传之广,注释者之多,在中国佛学的发展史中思想影响之深远,佛教典籍中的其他所有论著都难以企及;而同时,有关此书的真伪问题,作者姓名、成书时地,以及义理是非、历史地位等问题,却又疑议丛生,经过长期激烈的论争,至今尚难作出结论。

《起信论》旧传皆题"马鸣菩萨造"。马鸣(Aśvaghoṣa),音译阿湿缚窭沙,是古印度杰出的诗人、哲学家,大乘佛法的著名论师。据现存有关马鸣的传记资料,对他所处时代说法不一。经近代学者考证,马鸣系佛灭度后六百年左右（即公元一、二世纪时）出生于中天竺的舍卫国（今印度西北部）的思想家，初学外道，聪慧有辩才，后拜胁尊者，或胁尊者之弟子富那奢为师，归顺佛化，善宏法要，是龙树之前最著名的大乘佛学者；其著作在汉译藏经中有《大庄严论经》《佛所行赞》《六趣轮回经》《十不善业道经》《尼干子问无我义》等，又曾参加《大毗婆沙论》的编纂工作。他还作有许多诗歌作品，其中《佛本行赞》广泛流传，"五天南海，无不讽诵"。依佛教经典传说，马鸣系"八地菩萨"，或说他是"大光明佛化身"，据说他善于宣讲佛法，闻者莫不开悟，连马也为之"悲鸣垂泪，不食七日"，故名马鸣。因而，他在佛教界享有极高声望。《起信论》被题为马鸣的著作，自然会增加它的权威性。本书有两个译本：一题梁代真谛译，一卷本，前有智恺序，被称为"梁译本"；一题大周实叉难陀译，二卷本，前有佚名作者序，被称为"唐译本"。真谛（Paramartha，公元四九九—五六九年），音译波罗末陀，又名拘罗那陀（Kulanatha），西天竺优禅尼国人。梁代中大同元年（公元五四六年）来华，受到梁武帝礼遇，适逢乱世，辗转南北，先后译出《金光明经》《摄大乘论》《唯识论》《俱舍论》等重要佛典达二百七十余卷，被誉为中国四大译经家之一。《起信论》被题为真谛译，虽早有人提出过疑问，而唐初佛门大师如法藏等均信之不疑。

《起信论》于公元六世纪后半叶的梁、隋之际即开始流行于中国，以其文字简洁、条理清晰、论证谨严，而思想内容更能融贯诸家，深契大乘佛理，故面世以后很快就受到中国佛学界的极大重视和推崇，不久即传入朝鲜、日本，被普遍视为修习大乘佛法的入门教科书。隋唐以后中国佛教各宗都从《起信论》中择取思想资源，成为佛教发展中最有影响的论著。因而，历代对《起信论》的注疏，无比繁富，据日本学者统计，对这一卷论著的注释者有一百七十余家，为书不下一千卷。

在中国，相传梁真谛即撰有《起信论玄义》二十卷和《起信论疏》二卷，其弟子智恺除为梁译本作序外还撰有《起信论一心二门大意》一篇。但后人对此，颇有疑议。隋初昙延（卒于隋开皇八年，即公元五八八年），最早撰《起信论义疏》（现只存上卷）。稍后隋朝净影寺慧远也撰有《起信论义疏》四卷（亦称《净影疏》），是对《起信论》的义理诠释；另慧远所著的《大乘义章》的第三章中，多次引用《起信论》的文字。新罗元晓撰有《起信论疏》二卷（亦称《海东疏》），另元晓还撰有《起信论别记》二卷；唐代贤首大师法藏更撰有《起信论义记》七卷（经宗密改订为五卷，亦称《贤首疏》），法藏另有《起信论义记别记》一卷。以上《净影疏》《海东疏》《贤首疏》皆出书较早，义解颇深，被历代称为"起信三疏"。至于伪托龙树所撰《释摩诃衍论》十卷，其所标"本论"，即梁译本《起信论》；其所谓"释论"部分，枝蔓芜杂，显系法藏的《义记》流传之后在中国或朝鲜某浅人的妄作；又梁译本所题"梁扬州僧智恺"所作的序文，唐译本前的无名作者的序文，虽多史实错乱，但对《起信论》的引介，也起到作用；唐译本序，杂引诸经文以证成"真妄互熏"之说，亦见作者苦心。此后，历代的重要注疏，在我国，有华严宗四祖澄观的《起信论玄谈》、五祖宗密的《大乘起信论疏注》四卷。此外，敦煌卷子中还新发现唐昙旷的《大乘起信论广释》五卷和《大乘起信论略述》二卷。宋代，有长水子璇的《起信论疏笔削记》二十卷。明代，有真界的《大乘起信论纂注》，正远的《起信论捷要》二卷，通润的《大乘起信论续疏》，憨山德清的《大乘起信论直解》二卷，蕅益智旭的《大乘起信论裂网疏》六卷（注释唐译本）。清代续法还汇编有《起信论疏记会阅》十一卷等等著作。在朝鲜、日本，还有多种注释。直到近现代，中、日佛学界通过多次学术争论，往复辩难，更涌现出了许多专门性著作，不胜枚举。

著译者的真伪之辨

《起信论》一书可信的最早记载，分别见于隋初昙延与同时代的慧远所撰《义疏》，这些早期文献，只提到《起信论》的作者是马鸣，并未涉及译者。到隋开皇十七年（公元五九七年）费长房所编《历代三宝纪》始标出译者为真谛，并记为"梁太清四年在富春陆元哲宅出"；随后仁寿二年（公元六○二年）彦琮等重订开皇《众经目录》时，再次肯定真谛是《起信论》译者，不过将译出时间改为陈代。唐麟德元年（公元六六四年）道宣编的《大唐内典录》卷四"真谛"条中，认定《起信论》于"大同四年在陆元哲宅出"。唐开元十八年（公元七三○年）智昇编《开元释教录》卷六"真谛"条中，又提出真谛于"承圣二年癸酉九月十日于衡州始兴郡建兴寺"译出《起信论》，译时译地都与《长房录》《内典录》有出入，且增加了月婆首那为传语、沙门智恺执笔作序的记载。又实叉难陀译本最早的记载，亦见于该录。

由于上述这些经录的记载，说法不一，错讹实多，如《长房录》称"梁太清四年"译出，而梁代并无"太清四年"；又《内典录》改为"大同四年译出"，而大同四年真谛尚未来华。凡此种种，都容易使人对《起信论》产生怀疑。

最早对《起信论》质疑的，是隋开皇十四年（公元五九四年）法经等编的《众经目录》，该录即将此论列入"众经疑惑部"，其卷五有云："《大乘起信论》一卷，人云真谛译。勘真谛录无此论，故入疑。"到唐初（公元六一八年）吉藏的弟子惠均僧正撰《四论玄义》，首次对《起信论》的作者提出疑问，认为是中国地论师借马鸣之名所造，其卷五有云："《起信》是虏鲁人作，借马鸣菩萨名。"卷十又云："《起信论》一卷，人云马鸣菩萨造，北地诸论师云非马鸣造论，昔日的论师造论，借菩萨名目之，故寻觅翻经论目录中无有也，未知定是否？"再到晚唐（约公元八六〇—九〇六年），新罗珍嵩作《华严经探玄记私记》，更提出《起信论》是依据伪《渐刹经》而伪造的。其记云："马鸣《起信论》一卷，依《渐刹经》二卷造此论。而道宣师目录中云此经是伪经，故依此经之《起信论》，是伪论也。"后来日本另一学僧快道在其《起信论义记悬谈》中，推测《渐刹经》乃《占察经》之误。且查《占察经》下卷所言大乘实义，大部分论点与《起信论》雷同。故日本学者望月信亨等，据此认定《起信论》乃抄袭《占察经》之伪作。

至于唐实叉难陀的新译本，虽《开元录》卷九"实叉难陀"条记作："《大乘起信论》二卷，第二出，与真谛出者同本。"而现存"唐译本"的无名氏"序"中也说新译所据梵本，由实叉难陀从于阗携来，并与慈恩塔中旧梵本对照，由实叉难陀与弘景、法藏于大周（武则天）圣历三年（公元七〇〇年）岁次癸亥与《华严经》次第译出。可是，法藏所著《起信论义记》《起信论别记》，都以梁译本为据，从未提到自己参与过新译本；且《宋高僧传·实叉难陀传》中也没有记载他曾新译《起信论》一事。所以，近代以来学者，也都对新本持怀疑或否定的态度。

关于《起信论》作者译者的真伪问题，唐以后中国佛学界很少再引起注意。而惠均僧正《四论玄义》中两段怀疑《起信论》的文字都分别收在十二世纪日人珍海所撰《三论玄义疏文义要》卷二、贤宝的《宝册钞》卷八及湛睿的《起信论决疑钞》之中，而中国现存《续藏经》中的《大乘四论玄义》卷五与卷十中反倒没有。所以对《起信论》的怀疑在日本容易引起注意。近代以来，在日本，就《起信论》究竟是印度撰著或是中国撰著的问题，曾展开两次热烈的论战。

第一次论战中，提出并坚持《起信论》为中国撰著的主要学者有舟桥一哉、望月信亨与村上专精。舟桥一哉于一九〇六年发表《俱舍论哲学》，率先提出《起信论》为中国撰著说，当时尚未引起重视。后来，望月信亨于一九一九年再次发表《起信论》为中国撰著的意见，于一九二二年出版《大乘起信论之研究》一书，把已发表的观点予以综合修正，一九三八年出版《讲述大乘起信论》，再加订补，系统地论证了《起信论》乃中国人的撰著，不是印度作品，并推断《起信论》的作者应是梁陈之际北方地论师昙遵口授、昙迁笔录而成。至于传说由实叉难陀重译的新本，乃是为了应付法相宗针对《起信论》所提疑难而试作成的改本。望月此论一出，引起强烈反响。先是羽溪了义反对此说，认为《起信论》与印度《奥义书》思想相通，应出自印度人之手。常盘太定加入争论，驳斥望月观点，而认为《起信论》与《楞伽经》思想一致，不能是伪论。村上专精则支持望月之说，在其关于《大乘起信论》的历史研究的论文中，考订《起信论》与真谛所译《摄大乘论》在许多概念用法上不同，从而断定《起信论》非真谛译。村上进一步指出《起信论》在内涵上区别于《摄论》等在第八识之上讲种子熏习，却在真如与无明之间讲染、净互熏，从而形成不同于阿赖耶识缘起的真如缘起论。他认定由《起信论》开始成立的真如缘起论，继承并发展了《胜鬘经》等的如来藏说，并以《华严经》立场为主调和了印度佛学中的中观、瑜伽二系，而这不可能在印度找到依据。

第二次论战，起于一九二六年，由于松本文三郎发表了《关于起信论之中国撰述说》一文，批评望月信亨的中国撰述说太支离，证据不充分，认为《法经录》把《起信论》列入疑惑部，只是对译者有疑问，不能据以断定为中国撰述。至于唐译本，则认为智昇与实叉难陀相距不远，《开元录》记载可靠。针对松本的批评，望月发表《读松本博士之起信论中国撰述说批评》一文，着重对唐译本的真伪问题进行辩驳。接着林屋友次郎又发表了反驳望月的文章，从文献和思想两方面，论定《起信论》为印度撰述。稍后，铃木宗忠发表了《就起信论成立的有关史料》一文，以批判史料的方法，对各家之说详加考订，最后认定《起信论》绝非真谛所译，是否马鸣所造尚待进一步考证，但应是印度撰述。这场关于《起信论》的作、译者的真伪之争，除望月信亨支持中国撰著外，其余大都认为是印度撰述，虽多数否定真谛是《起信论》的译者，但也未能有说服力地考订出其他译者。直到现代的宇井伯寿、平川彰、柏林弘雄等大多数日本学者，仍坚持《起信论》为印度撰述说，只是撰出的时代大都倾向于应在无著、世亲之后，作者当然不能再归之马鸣，而是《宝性论》《楞伽经》出现之后的一位印度大乘佛教学者所作。

义理是非之争

日本学者关于《起信论》的争论，主要涉及著、译者的真伪问题。由于《起信论》在中国佛学中的崇高地位，故这一争论自然引起中国佛学界的极大注意。二十世纪二十年代以来，中国佛学界对于《起信论》也展开了深入研究和热烈论辩。论辩各方没有停留在真伪之辨的文献考订上，而是有所拓展，更多触及义理内容的是非问题，广泛涉及《起信论》思想与印、中佛学发展史的关系，判教理论以及佛学研究方法等领域，从而提高了研究和论辩的水平。

首先欧阳竟无作《抉择五法谈正智》一文，认为《起信论》虽是马鸣所造，但细考马鸣经历，推断此论乃是马鸣思想由小乘向大乘"过渡"时期不成熟的作品，故"立论粗疏"，不立种子义，混淆体用，与唯识学不合；据此，对《起信论》净、染互熏的真如缘起论，颇多贬斥。

太虚作《佛法总抉择谈》《大乘起信论别说》《缘起抉择谈》等文，反驳欧阳竟无观点，一再申述真如缘起论的合理性。他仍坚持《起信论》系龙树之前的马鸣所作，只是法不当机，故未多弘扬，影响不大。他力图从义理上融通《起信论》与唯识学，认为《起信论》所讲"真如""阿赖耶识"与唯识学的差异，仅是广狭义之殊，并非根本不同。又以《起信论》是依"等无间缘"来说熏习，是菩萨心境。他认为，凡夫是有漏生有漏，佛是无漏生无漏，而只有菩萨能够有漏、无漏辗转相生，把有漏、无漏打成一片，归于一心，这与唯识之义并不矛盾。太虚如此维护《起信论》，在于他意识到《起信论》与中国佛学的密切关系，故他与欧阳竟无的论争，实涉及拘守印度化佛学的唯识学或是承认佛学中国化的发展这一根本义理问题。

章太炎曾撰《大乘起信论辨》，主张此论确系龙树之前的马鸣所作，但他对《起信论》的义理却多贬评。认为论中"将海喻真心，风喻无明，浪喻妄心"，是主张心外另有"无明"存在，同数论"分神我与自性为二的见解，没有区别"。章氏此说，在当时并未引起注意。

一九二二年左右，梁启超概括日本学界的争论，接受望月信亨、村上专精的论点，作《大乘起信论考证》一文，主张"以历史的眼光谈佛教"，从佛教义理发展史的角度，断定《起信论》旨在调和折中魏晋南北朝以来中国佛学的各家异说，故判定其绝非真谛所译、马鸣所造而实为梁、陈间一位中国学者之撰著；并为此而"欢喜踊跃"。他虽定《起信论》为伪书，却从义理上极其推崇《起信论》的价值，肯定其"在各派佛学中能撷其菁英而调和之，以完成佛教教理最高的发展"；"无论此书作者为谁，曾不足以稍损其价值。此书实人类最高智慧之产物；实中国、印度两种文化结合之晶体"。这一评断，超越真伪争执，与章太炎的观点正好相反。非心作《评大乘起信论考证》，对梁氏论断一一加以批驳，仍坚持《起信论》出于印度马鸣之手。

随后，王恩洋作《大乘起信论料简》长文，一方面同意梁启超援引日本学者的考订而倡言的"伪书"说；另一方面，则把欧阳竟无、章太炎从教理上贬评《起信论》的观点，推向极端。这引起陈维东、唐大圆、常惺法师等人的强烈反驳，从而形成南京内学院与武昌佛学院之间的一场大论战。

王恩洋以唯识学原理为唯一准绳，以因明学三支逻辑为论证方法，着重从义理上猛烈批评《起信论》。首先，他反对《起信论》的真如缘起说，认为有漏和无漏，染和净，乃性质相反，不可能同处于阿赖耶识中，"善、染不并存，漏、不漏不两立"，因而"真如"与"无明"绝不可能互相熏习。"染、净互熏"之说，无异于"异类相因"，违反因明逻辑。其次，他坚持印度佛学只有法相（有）与法性（空）二宗，无所谓真常宗（即《起信论》所创真如缘起说）。认为一切法"不出空、有二宗"，"即此二宗，摄大乘尽"，从判教的角度，根本否定《起信论》的真如缘起说的合法性。最后，他尖锐地评判《起信论》不仅非马鸣著且根本不是佛教著作，而是附于外道的"梁陈小儿"之作，斥为"无知偏计，刬尽慧命"。

陈维东奋起作《料简起信论料简》一文，与王恩洋观点针锋相对。他以"先正名义，后遣边执"的方法，指斥王恩洋将有漏、无漏，有为、无为等绝对对立起来的观点，实已"落偏见边执之过"；并从"体用不二"的角度，对《起信论》的真如缘起说作了圆融疏释，认为"从体彰用""性用双摄"，正表现了圆融无碍的大乘法义。他也反对王氏只许空、有二宗的判教说，认为大乘立宗，约义而成，不拘一格，"既可约性、相而立有、空之二宗，亦何不可约三性而立三宗哉"？

接着，唐大圆也连续作《起信论解惑》《真如正诠》《起信论料简之忠告》三文，常惺法师亦作《大乘起信论料简驳议》一文，系统反驳王恩洋之说。主要认为《起信论》为代表的真如缘起论，统摄性、相二宗，实为圆极一乘。从义理上肯定"惟《起信》之真如义，有遮有表，就圆成、遣偏执而彰依他，故其谈真如有体、有用，而谈如来藏有空、不空等"。又广泛论证《起信论》不违唯识法相义，认为"空宗以遮作表，相宗即用显体，今《起信》言觉、不觉，空、不空等义，正符相宗即用显体"。此间，王恩洋又曾作《起信论唯识释质疑》一文，反对太虚等以《起信论》来会通唯识义的立论。

关于《起信论》的真伪是非的争论，一直延续到二十世纪五十年代。其中较有代表性的为印顺法师和吕澂。印顺法师在其论文《起信平议》中，没有对《起信论》的真伪问题明确表态，只是对前人的争论作了一个概述的总结，其主旨认为，思想发展有一个演化过程，故历史考证方法不能推翻；不应以是否从印度翻译过来作为佛典是非的标准，而应当把真伪问题与价值问题分开。他既批评内学院只尊唯识学的独断态度，反对把衡量的标准单一化；同时也批评太虚等试图会通《起信论》与唯识学是"多此一举"，主张"不要偏执，不要附会"，应当认识《起信论》的独特价值。他更从判教的角度，申述了太虚和分大乘为三宗的合理性，指明《起信论》所属的"法界圆觉宗"，即"真常唯心论"，与唯识、中观鼎立而三，自有其在佛法中的独特地位。

吕澂先后发表《起信与禅——对于大乘起信论来历的探讨》《大乘起信论考证》二文，认定《起信论》根本不是从梵本译出，而是沿袭魏译《楞伽经》的错误而来，不同于宋译本把如来藏与藏识作为一个概念，而将如来藏与藏识看成二事，将错就错。其成书年代是公元五一三年至五九二年之间。至于唐译《起信论》，也非译本，只是禅家对旧本的改作。他还从义理上指出，《起信论》提出真心"本觉"，违背印度佛学心性"本寂"的精神，故是伪论。吕澂的这些观点，牟宗三在其《佛性与般若》一书中曾予批驳，认为《楞伽经》的二译本并无二致，而《起信论》并非对魏译《楞伽》的将错就错，而是在心性结构上独具特色。方东美在其《华严宗哲学》一书中也论及《起信论》，认为是一部中国人撰著的伪书，文字流畅不像译文，尤其不像真谛在梁陈时所译其他法相宗书的文风；而内容上不仅调和了印度涅槃经系与如来藏经系，而且以"体用兼备"的思路，对中国北魏以来大乘佛学中互相冲突的理论"给予了一个旁通统贯的综合调和"，并对中国化佛学，尤其华严宗哲学产生了深远影响，是"一座贡献甚巨的桥"。同时，田养民（即昙瑞）所著《大乘起信论如来藏缘起之研究》一书中，则论定《起信论》是"以真谛三藏为其代表，从各经典摘其精髓翻译，把它归纳于如来藏哲学思想，而中国文豪予以撰修，使其成为卓越的中国化佛书"。

争论的启示

回顾二十世纪以来，围绕《起信论》著译者的真伪问题与义理内容的是非问题所展开的争论，众说纷纭，莫衷一是。长期争论虽迄今没有结论，却对研究者富有启示。通过争论，至少足以表明：

1.《起信论》旧题马鸣造、真谛与实叉难陀两译，均实属可疑。经一个世纪以来中外学者的多方研讨，无论从佛教文献考订，还是从佛法思想分析，都表明《起信论》不太可能是印度撰述。因现存所有关于马鸣的传记资料，全没有马鸣曾撰《起信论》的任何记载；又有关真谛的传记资料也没有真谛曾译过《起信论》的记载。如费长房的《历代三宝纪》等部分后出经录所记此论为马鸣造、真谛译，似为臆测或误记，并无充分根据。特别是按《起信论》的基本思想和文风来说，也不大可能是印度佛教著作。因其核心思想"真如缘起论"及其"体用不二"的思维模式，不可能产生于印度，而在中国佛学中则是主流思潮。而文字流畅，也不像译作。至于有的论者因倾向于肯定《起信论》为中国撰述而推论到作者可能为谁。如日本学者有的推断《起信论》应是梁、陈之际北方地论师昙遵口授、昙迁笔录而成。中国学者有的推断是北方的论师中善于"标举宏纲"的昙延，为总结当时义学发展和禅法新潮，以马鸣梦授的形式而撰著的。有的推断为中国禅宗的先驱者某一禅师所作，其所以托名马鸣造、真谛译，是为了使此论得到重视和广为传播。还有中国学者认为不必具体求索某人，"安知非当时有一悲智双圆之学者，悯诸师之斗争，自出其所契悟者造此论以药之，而不敢以名示人"；"此书实人类最高智慧之产物"，"以佛家依法不依人之义衡之，虽谓为佛说可耳"。凡此，虽多臆测，当非定论，但确可以启发思考，而不致蔽于一曲拘于一说。

2.《起信论》思想的独创性及其固有之理论价值，经过反复争论，确乎愈辩愈明。《起信论》以"一心、二门、三大"的脉络来展开它的独特的思想体系。所谓"一心"，即"众生心"，在《起信论》中是一个非常重要的核心概念，它涵摄一切世间法与出世间法，既是现象世界得以建立的本体，又是众生由不觉到觉，得以解脱成佛的内在根据和保证。因为，"众生心"含融了染与净、不觉与觉两方面，即一心有二门："心真如门"与"心生灭门"。二门是体相关系，彼此互不相离。"心真如"作为本体，自性清净，不生不灭，如如不动，无有差别之相；然而真如不守自性，忽然心动念起，是名无明，从而幻起生灭变化、千差万别的现象世界。真如和依之而起的无明，两者是"二而不二"的关系。真如不生不灭，是净法；无明妄念幻起生灭，是染法。两者截然不同，有区别，是"二"。但无明没有自性，依真如而起，是真如不变而随缘引起的，宛如大海水湿性不变而因风扬波，水之与波，互不相离；因而真如与无明，心真如门与心生灭门两者又是相即不离，"二而不二"的关系。

《起信论》以"一心二门"为中心层层展开它的哲学思辨，虽也继承、沿袭了以往佛教经论所习用的概念、范畴和命题，却讲出了许多富有独创性的新意。诸如，由"一心开二门"而对"如来藏""阿黎耶识"等所作的新的解释。说"依如来藏故有生灭心，所谓不生不灭与生灭和合，非一非异，名为阿黎耶识"。把人人皆有佛性具体化为"众生心总摄一切法"（"含融净、染"，既具足"净法"，也为一切"染法"所依），所以称为"如来藏"。这与传统将"如来藏"仅归结为清净佛性有所不同。至于"阿黎耶识"，更明确地区别于传统的唯识学所谓"虚妄唯识"（偏于把阿黎耶识作"杂染根本"，称为"染八识"）而肯定为"染、净同依"。据此，能更好说明真如法性受染随缘与沿流而返的"染、净互熏"义和"自信己身有真如法，发心修行"的证悟"成佛"义。

又如，由"染、净互熏"所显示的"觉"与"不觉"的双向运动。《起信论》把真如法性规定为"本觉"，而就"心体离念"的觉义，作了详细的分疏："始觉"，是就"本觉"在无明位中的"自觉"而言，是"本觉"的自我复归的开始；就离念而复归"本觉"的程度不同又分"不觉""相似觉""随分觉""究竟觉"等，从而凸显和完善化了"心性本觉"的义理，而与印度佛学传统的"心性本寂"的说法迥然有别。此外，《起信论》所立的"体用不二"义、"色心不二"义，以及"止观俱行、智悲双运"的修习法等，均有其别有会心、异于旧说之处。这种种独特创见，正是通过历次争论，特别是通过某些坚持旧说的贬评而得到显扬。

3. 关于《起信论》思想在佛学发展中的历史定位，也基于历代褒贬各异的评论和互诤而得以逐步阐明。《起信论》继承了印度佛学中的如来藏系的思想而又有所发展和新的开拓，形成与中国传统哲学有所融通的中国化的大乘教义。一方面，中国化的大乘教义，诸如"真如缘起论"等，在印度如来藏系经论——《大般涅槃经》《胜鬘师子吼一乘大方便方广经》《楞伽经》《究竟一乘宝性论》中，也可以找到某些依据。但在印度，如来藏系没有发展成中观、唯识那样庞大、独立的学派，只是在一些观点上与中观、唯识都有歧异。而这些如来藏系经论在南北朝时期译介到中国，却受到特别重视和阐扬，进而发展成为与中观、唯识两派鼎立而三，并试图统会而超越之的独立体系。《起信论》就是这一理论体系的完成。

另一方面，《起信论》以其与中国传统哲学的会通而有新的开拓，故虽源于如来藏经论而又与印度如来藏思想迥然异趣。有的论者，经过深入考辨，指出《起信论》所讲的真如缘起之说，与《胜鬘》《楞伽》等如来藏学说实有差异，因而判定《起信》之说，"圣教无征"。但《起信论》的早期研究者，却从判教的角度，肯定了《起信论》思想属于如来藏系而给予了很高的评价。如元晓法师在《大乘起信论别记》中认为《起信论》的"性、相不二"思想超越了中观与瑜伽，而成为"群诤之评主"。

法藏在《大乘起信论义记》中，综述了印度中观、瑜伽二系的激烈论争，而以"会通"之法，"随教辨宗"，认定"现今东流一切经论，通大小乘，宗途有四"，除小乘诸部的"随相法执宗"外，大乘教义可判为三宗：（一）"真空无相宗，即《般若》等经、《中观》等论所说是也"。（二）"唯识法相宗，即《解深密》等经、《瑜伽》等论所说是也"。（三）"如来藏缘起宗，即《楞伽》《密严》等经，《起信》《宝性》等论所说是也"。

法藏特对"如来藏缘起宗"的理论给以肯定,许为"理事融通无碍说"。

此后,如明代的通润,在其所撰《大乘起信论续疏》中,继承法藏的判教思想,更将大乘教义判为三宗——"法相、破相与法性",而凸显了《起信论》所代表的法性宗,在佛学逻辑发展中超越空有的最高地位。其言曰:"宗法相者,谓真如不变,不许随缘,但说万法皆从识变而事事俱有,其弊也流而为常、为执着;宗破相者,谓缘生之法不入法性,故说三界唯是一心,而法法皆空,其弊也流而为断、为莽荡;宗法性者,谓真如不变随缘而能成一切法,故无法法俱空之弊;由真如随缘不变而能泯一切法,故无事事俱有之偏。此则空有迭彰,执荡双遣,故知即万法以显有者为妙有,离万法以显空者为真空,不即不离以显中者,即真空以显妙有,故虽空而不空,即妙有以显真空,故虽有而不有。然前之二宗,虽建立不同,各有妙旨,而马鸣总以一心九识统之,若鼎之三足,伊之三点。……此马鸣一论,尤为圆通无碍,独出无对者也。"此类评价,似乎褒扬过高。

及至近世,唯识独盛,一些论者基于唯识学立场,揭示了《起信论》与印度大乘佛学,乃至与印度如来藏系的思想差异,因而或认定"真如缘起之说出于《起信论》；或把《起信论》斥为"梁陈小儿"所作的"伪论"。但另一些论者，为辩护《起信论》的理论价值，仍承继中国佛学判教理论的优势以确定其历史地位。如杨文会即肯定《起信论》具有兼宗性、相的特点；梁启超赞扬《起信论》"盖取佛教千余年间在印度、中国两地次第发展之大乘教理，会通其矛盾，撷集其菁英，以建设一圆融博大之新系统"。

太虚依教理分大乘佛法为三宗：法相唯识宗、法性空慧宗、法界圆觉宗。印顺继承太虚思路也分别称之为：虚妄唯识论、性空唯名论、真常唯心论。前二宗相当于印度的中观、瑜伽二派，而后者乃渊源于印度如来藏系思想而以《起信论》为完成标志之真如缘起论。这一中国化了的大乘教义，就这样通过争论而逐步确立了它在佛学发展中的历史定位。

走向世界

《大乘起信论》于公元六世纪在中国问世后，以其义理圆通，文字简洁，受到佛学界的高度重视，随即由元晓（公元六一七—六八六年）等高僧传入朝鲜，继之流传到日本，注家蜂起，蔚为汉文圈内最有影响的大乘佛法论著。

稍后，由唐玄奘译为梵文，远播五印度。此事被学风严谨的僧史家道宣郑重记入《续高僧传·玄奘传》中，云："又，以《起信》一论，文出马鸣，彼土诸僧思承其本，奘乃译唐为梵，通布五天。斯则法化之缘，东西互举。"道宣曾参加玄奘译场，所记当非妄语。日本学者笠置贞庆（公元一一五五——一二一三年）等人所撰《唯识论同学钞》中，则进一步地申说，实叉难陀的新译《起信论》，乃是依玄奘的梵译本重译的。此类记载，虽难确证，但当时中印文化学术正常交流，所谓"法化之缘，东西互举"，如鸠摩罗什、玄奘先后将《老子》译为梵文，传入印度。则玄奘将《起信论》"译唐为梵，通布五天"，并非全无可能；且此类传闻，更加表明《起信论》乃中国撰著，托名马鸣，故本无梵本。玄奘译布《起信论》的历史功勋，实不应轻易抹杀。

　　《起信论》走向世界的传播，主要是通过朝鲜、日本的佛学界。如七世纪元晓将《起信论》传入朝鲜，给以疏解，称其义理"开则无量无边之义为宗，合则二门一心之法为要"；并与人创作一部《金刚三昧经》（伪托原本来自"龙宫"），又自作疏五卷，被称为"以本、始二觉为宗"，"以二觉圆通示菩萨行"，正是阐扬《起信论》的中心思想。在日本，不仅先后出现多种关于《起信论》的注释和译本，而且，《起信论》内蕴之思想，直接影响到日本平安时代晚期形成的天台本觉论，此后又启发了日本曹洞宗道元等顿悟禅理路。《起信论》的研究，对日本佛学的理论开展，产生了深刻的影响。

一九〇〇年，作为二十世纪开端的一年，日本学者铃木大拙（D. T. Suzuki）以唐代实叉难陀新译本为蓝本，并参照梁译本，将《起信论》首次译为英文，在美国芝加哥出版，题名为 *Asvaghasha's Discourse on the Awakening of Faith in the Mahayana*，此书对中国化大乘佛学的系统介绍，在欧美学术界产生了很大影响。基督教牧师理查德（Timothy Richard）访华时曾受杨文会影响而读过《起信论》，因惊奇地发现《起信论》与基督教思想相近，乃据梁真谛译本译为英文，题名 *The Awakening of Faith in the Mahayana Doctrine*，一九〇七年于上海，一九一〇年又于美国爱丁堡出版。其为较早的第二个英译本。一九六一年在英国伦敦再版，前附有 A. H. Walton 的"导言"。该译本较多地附会基督教义，如将"真如"译为"God"（上帝）等，不免失真。一九三七年在美国又出版了比丘 Wai Tao 与 Dwight Goddard 合译的梁译本《起信论》，题名"A Buddhist Bible"。已故哥伦比亚大学日裔教授 Yoshito S. Hakeda 据梁译本《起信论》重译，一九六七年由美国哥伦比亚大学出版，书名 *The Awakening of Faith*，前附译者所撰长篇"导言"，译文中增补了不少注释，就《起信论》的哲学义蕴、重要范畴以及文本历史等，从义理角度给予了较深入的论析。

此外，美国纽约州立大学韩籍教授 Park 所英译的《起信论》及元晓《海东疏》，天普大学华籍教授傅伟勋所译《起信论》及梁、唐两中译本的用辞比较（纳入傅氏所编 *A Source book in Chinese Buddhism*），近期出版，均属研究性的译介专著。通过译介，《起信论》的研究，已日益引起西方学术界的兴趣，欧美日本的一些学府已出现若干有关《起信论》的博士论文，如我国昙瑞向日本东洋大学提出的博士论文《大乘起信论如来藏缘起之研究》（一九七八年在台北出版了中译本），即为一例。

从二十世纪初，铃木大拙首次将《起信论》译为英文，推向西方。嗣后，铃木在西方学术界广结胜缘，弘扬禅学，使作为中国禅学理论基石的《起信论》思想的研究，日益走向世界，成为人类共同的精神宝库。

译注说明

本书今译和校注的《大乘起信论》，以金陵刻经处印行的梁真谛译本为底本。全文今译，未加节选。为方便读者，今译部分按原文的纲目结构加了标题，分了段落。译文尽量做到既忠于原文精神，又能通俗易懂。但佛典今译，并非易事，为照顾原文风貌，译文不免失之过繁或失之过简，但力求达意，不多损益。读者如能逐段对照原文读译文，或能更好理解原意，并理解今译者的用心。

注释部分，以义理注释为主。着重对原文具有思想理论意义的名词、概念、范畴等，作必要的注释；有些疑难或可申论处，间或引证法藏等古德的义疏，以作参考。对《起信论》所引佛经原文，大都注明出处，以便读者查核。

校雠部分，以金陵刻经处印行的梁真谛译本为底本，金陵刻本已作了认真校讹，"依宋、元、明、丽四《藏》及贤首、海东二《疏》参校，定为善本"，今全部采用；更校以日本《大正藏》本和《频伽藏》本，并参照唐译本、法藏疏本等，略有补校。所引校本简称如下：

资：南宋资福寺大藏经

碛：南京碛砂延圣院大藏经

金：金解州天宁寺大藏经

普：元普宁寺大藏经

南：明永乐金陵报恩寺刊本

径：明万历径山化城寺刊本

清：清雍正—乾隆刊本

石：房山云居寺等地石经本

丽：高丽大藏经

校文力求简明，合入注中，不另分列。

为便于读者了解《起信论》旧题梁真谛译与唐实叉难陀译两个文本的缘起及参阅旧有义疏，特辑录唐实叉难陀译本全文及旧序、题解等共五篇，计有：

（一）唐实叉难陀译本《大乘起信论》

（二）梁真谛译本所附智恺序

（三）唐实叉难陀译本所附无名氏序

（四）唐法藏《大乘起信论义记》摘录

（五）明通润《大乘起信论续疏自序》

作为附录，聊供参阅。

经典

1　归敬颂

大乘^①起信^②论^③

马鸣^④菩萨^⑤造梁天竺^⑥
三藏^⑦法师真谛^⑧译

归敬颂^⑨

归命尽十方^⑩，最胜业^⑪遍知，色^⑫无碍自在^⑬，救世大悲者。及彼身^⑭体相^⑮，法性真如海^⑯，无量功德藏^⑰。如实修行等^⑱。为欲令众生^⑲，除疑^⑳舍邪执^㉑，起大乘正信，佛种^㉒不断故。

注释

①**大乘**：梵语 Mahāyāna，又译摩诃衍。大，对小而言；乘，运载之义，以表明佛陀的教法。大乘，即指能运载无量众生从生死河到涅槃岸的佛法，是公元一世纪左右在印度形成的佛教派别。

②**起信**：起，引发之义。信，指信心。起信，即引发对大乘佛法的信心。

③**论**：论本是佛教三藏中阿毗达磨藏（Abhidharma），是有关佛的弟子对佛语、法相等进行问答论议、辨名析理的著作。佛教中的论藏，具有往复析证，相互辩难的论理特征，为佛藏中最有哲学思辨意义的部分。

"论"字下，《金》本有"一卷"，《资》本无，《碛》《南》《径》《清》本均有"卷上"。

④**马鸣**：人名，佛灭度后六百年左右出世的大乘论师。梵名为阿湿缚窭沙，Aśvaghoṣa。关于他的传记，材料现存的有鸠摩罗什译的《马鸣菩萨传》、《付法藏因缘传》卷五中的《马鸣传》、《婆薮槃豆法师传》、《摩诃摩耶经》、《坛经》及一些禅宗的"灯录"等。各传说法，大同小异。另外《释摩诃衍论》卷一中记载了六位马鸣，其中第六举《摩诃摩耶经》所说的马鸣，即本论作者。传说他起初为外道论者，特长论辩，后服从佛

化，弘通大乘。

关于马鸣的传承，传记各说不一，鸠摩罗什所译的《马鸣菩萨传》，认为马鸣是长老胁尊者的弟子；而《付法藏因缘传》卷五则认为，马鸣师承长老胁尊者的弟子富那奢。《六祖坛经》所记的传法系统，也同《付法藏因缘传》说，二者未知孰是。关于马鸣之名，依诸传记，有三种解释：一是认为马鸣初生之时，感动诸马，悲鸣不息；二是认为马鸣善能抚琴，以宣法音，令诸马闻已，悉皆悲鸣；三是认为马鸣善能说法，令诸马悲鸣垂泪，七日不食。

⑤ **菩萨**：全称为菩提萨埵，Bodhisattva，旧译为大道心众生、道众生等，新译为大觉有情、觉有情等。菩萨通常指悲智双运、自觉觉他、自利利他的上求下化之人。一方面，他虽已分证佛觉，尚有情识未尽；另一方面，他又具有广行善巧方便，觉悟一切有情的大乘精神。

⑥ **天竺**：地名，印度之古称，旧译为身毒或贤豆。

⑦ **三藏**：梵语为 Tripitaka，指佛教的典籍分经、律、论三部分。通达佛教经、律、论三藏的学者，称三藏法师。

另"梁天竺三藏法师"，《金》本作"西印度三藏法师"；《石》本作"梁天竺三藏"，《丽》本作"梁西印度三藏法师"。

⑧**真谛**：人名，西印度优禅尼国人，梵称波罗末陀（Paramartha），又称拘那罗陀（Gunarata）。梁代中大同元年（公元五四六年）来华，受梁武帝礼遇，适逢国难，往北齐，赴东魏。先后译出《金光明经》《摄大乘论》《唯识论》《俱舍论》等，经刊定现存二十六部、八十七卷。陈太建元年（公元五六九年）正月十一日圆寂，年七十一岁。真谛为我国历史上著名的佛典译家，他精通三藏，尤契大乘，以宣扬大乘佛教为己任，潜心译出大量经论。关于真谛事迹，《续高僧传》中有《真谛传》。另外，近代学者汤用彤先生在其《汉魏两晋南北朝佛教史》卷下中，总结中日学者的研究成果，对真谛生平事迹详加考订，可资参阅。

⑨**归敬颂**：以下十二句，按佛教著作的体例，为论文前的"偈"或"颂"，用韵语写成，此为"归敬颂"。

⑩**归命尽十方**：归命，梵语为 Namas, Namh Namo，音译为"南无"。"归"为"趋向""敬顺"之义，"命"为己身性命和佛教教命。即以自己的性命归趋于佛、法、僧三宝。

十方，佛经称东、西、南、北、东南、西南、东北、西北加上、下为"十方"。这里意指一切方所，无尽世界。归命尽方，表示不仅仅归敬一方三宝，而是十方三宝齐敬,从而显示三宝普遍,无所不在,敬心广大,迥异小乘。

⑪ **最胜业**:业,梵语 Karma,指造作之义,泛指一切思想行为,一般分为身、口、意三种。最胜业,指佛的身、口、意三轮业用,最为殊胜。

⑫ **色**:有质碍义、显示义等。这里系指佛或如来的色身,即由"四大""五尘"等色法构成之身。

⑬ **自在**:系指佛的色身穷三际、遍十方,均自在无碍。这种自在无碍,表现为四种相:(一)大小无碍。(二)互用无碍,即显示诸相互作用而又不相妨碍。(三)理事无碍,即指现象(色)不碍本体之空(理),理又常在现象之中,相互圆融。现象中即蕴含着本体,本体在现象之中。(四)应机无碍,即一与多、彼与此、动与静等各种运机化作不相妨碍。

⑭ **彼身**:指佛的"法身",佛以法为身,即一般所说的"佛法"。

⑮ **体相**:体,梵文为 Dhātu,译曰体、界、性等,自身不变而为所变依据的根本者,谓之体。相,梵语 Kaksana,表事物之相状,相与体为一对应范畴,实质为"体",依于实质而外现的差别变化为"相"。"体相"在此颂中,用来喻佛教三宝中的"法宝"。

⑯ **法性真如海**:法性,与实相、真如、法界等异

名同义，指"法"的本体。真如，梵语 Bhūtatathatā。"真"为真实，不妄；"如"为不变，如常。

此颂中，"法性"与"真如"均释上句"体"大之义，以喻三宝中的"法宝"圆满之义。

海，譬喻无比深广。法性真如海，比喻法性真如不变而随缘之义，如海，因风起浪而湿性无变，无变之性不碍浪起，即理事无碍，以示法性的体大。

⑰ **无量功德藏**：藏，有蕴集、包含之义。无量功德藏，此句释上句"相"义，无量功德，表明"相"大之义。

以上三句，示归敬三宝中的"法宝"。

⑱ **如实修行等**：如实修行，指初地以上的菩萨以证得真如之理为目的而发起的修行。如实修行等，此句意为归敬三宝中的"僧宝"。

⑲ **众生**：梵文 Sattva 的意译，又译"有情""有情众生"，佛教对人和一切有情识生物的总称。

⑳ **疑**：指对实相实理怀疑不定。

㉑ **邪执**：指固执谬见。

㉒ **佛种**：指能生成佛果的种子，即能证得佛果的人。

译文

我以生命归依、礼敬十方世界的佛、法、僧三宝。

我归敬德业最为殊胜、智慧无比超绝、无碍自在、大悲救世的如来。

我归敬如来法身的体、相，诸法实相的真如，宛如大海因风起浪而湿性不变，含具无量功德的法宝。

我也归敬谨遵佛理、依真如实相而修行的僧宝。

我今造此论，旨在断除疑惑、舍弃邪见，兴起对大乘佛法的正信，让佛慧种子，绵延不绝。

2 本论

论曰：有法^①能起摩诃衍^②信根^③，是故应说。说有五分^④。云何为五？一者因缘分，二者立义分，三者解释分，四者修行信心分，五者劝修利益分。

注释

①**法**：梵文 Dharma 意译，泛指一切事物、现象，此指佛教的教义。

②**摩诃衍**：梵语 Mahāyāna，或译为摩诃衍那，意译为"大乘"，即大乘佛法。

③**信根**：此喻信心坚固，如树生根，不可动摇之义。

④**分**：部分。

立论如下：

有一种法，能发起坚定的大乘信仰，所以应予以阐说。此说可分为五个部分。哪五部分？即：一、造作此论因由，二、本论大旨，三、义理解释，四、修行与信心，五、劝修此法，以获得无量功德。

造论因由

原典

初说因缘分。

问曰：有①何因缘而造此论？

答曰：是因缘有八种。

云何为八？

一者因缘总相②，所谓为令众生离一切苦，得究竟乐③，非求世间名利④恭敬故。

二者为欲解释如来⑤根本之义，令诸众生正解不谬故。

三者为令善根成熟⑥众生，于摩诃衍法，堪任不退信故。

四者为令善根微少^⑦众生，修习信心故。

五者为示方便^⑧，消恶业障，善护其心，远离痴^⑨慢^⑩，出邪网故。

六者为示修习止观^⑪，对治凡夫，二乘^⑫心过故。

七者为示专念方便，生于佛前，必定不退信心故。

八者为示利益，劝修行故。

有如是等因缘，所以造论。

注释

① "有"，《碛》《南》本均作"如"。

② **总相**：亦称共相，相对"别相"而言。这里系指总论撰写此论的目的。

③ **究竟乐**：指大菩提、大涅槃乐。佛教认为，三界之内的乐爱，都有坏苦，所以不是永恒究竟的。唯有超出三界的大菩提、大涅槃，才具有常、乐、我、净四德，才是最根本圆满的快乐。

④ **世间名利**：在此可有二释。一是指人天利乐，即相对于究竟乐而言，乃是不究竟的人、天快乐。二是论主自说，以表明造作此论的目的，不在于求名利等。

⑤ **如来**：梵语 Tathāgata，为佛的十种称号之一。如谓如实，即真如、理体；来，指来自真如的正觉。佛

乃根据真如理体而来故名如来。

⑥**善根成熟**：指十信满足，已入正定聚的众生。所谓十信，表示菩萨修行五十二种位阶中前十位的十种信心，即信心、念心、精进心、慧心、定心、不退心、回向心、护法心、戒心、愿心。

⑦**善根微少**：指"不定聚"众生。佛教以"三聚"摄受一切众生，即所谓"正定聚"，指必定证悟佛道的人；"邪定聚"，指必定不能证悟佛道的人；"不定聚"，指介于上述二者之间，有缘证悟，无缘不证悟的人。

⑧**方便**：梵文Upāya，指为救度众生而使用的各种灵活、权变的方法。

⑨**痴**：亦名无明，指迷于佛理，佛教所谓三毒之一。

⑩**慢**：指傲慢自负。

⑪**止观**：梵语Samatha,Vipaśyana,，译为止观、定慧、寂照等。止，止息之义，止息妄念。观，达观之义，指观智通达，契会真如。

⑫**二乘**：指声闻乘与缘觉乘。声闻乘即是闻听佛的声教，观四谛而产生"空智"，断诸烦恼者。缘觉乘指根机锐利，非由佛的声教，而独自通过观十二因缘而悟解真空之智，断诸烦恼者。

译文

先述造论因由。

有人问：为何因由而造作此论？

回答说：有八种因由。

有哪八种呢？

第一，从总的宗旨来说，是为了使众生脱离世间一切苦恼，获得无上菩提和究竟涅槃的妙乐，而不是为了追求世俗的名利和博得人们的恭敬。

第二，为了解释如来的根本教义，以便众生都能得到正确理解而不致发生谬误。

第三，为使善根完全成熟的众生，对于大乘佛法具有承受力，而不再动摇后退。

第四，为使善根尚未成熟的众生，坚持修习，培植信心。

第五，为向劣根众生，显示方便法门，消除业障，护念心中本有的信心，远离无知和傲慢，跳出邪见的罗网。

第六，为了显示如何正确修习"止观"法门，以对治凡夫与"声闻""缘觉"等不起大乘信心的过失。

第七，为显示专意念佛的方便法门，（使信心怯弱众生）在往生佛国净土之前，得以坚定对大乘佛法的信念，不再退转。

第八，为指明修行大乘佛法的巨大功德和利益，以劝导众生。

因有这样一些缘由，所以造作此论。

原典

问曰："修多罗^①中具有此法，何须重说？"

答曰："修多罗中虽有此法，以众生根行^②不等，受解缘别。所谓如来在世，众生利根，能说之人色心业^③胜，圆音^④一演，异类等解，则不须论。若如来灭后，或有众生，能以自力，广闻而取解者；或有众生，亦以自力，少闻而多解者；或有众生，无自智力^⑤，因于广论而得解者；亦^⑥有众生，复以广论文多为烦，心乐总持少文而摄多义能取解者。如是此论，为欲总摄如来广大深法无边义故，应说此论。"

注释

①**修多罗**：梵语 Sūtra，译为契经、经等。有二层含义，一指上契诸佛之理，二指下合众生之机缘。指经、律、论三藏中的"经藏"，为"经"的总名。

② **根行**：根，指根机、根性；行，指修行。

③ **色心业**：总摄物质活动和精神活动，即身、口、意三业。

④ **圆音**：圆妙的声音，喻佛语。圆音又名一音，有二义：一谓如来在一处说法，十方众生都能听到；二谓佛以一音说法，众生各得其解。

⑤ "智力"，《金》本、《丽》本、《贤首疏》本均作"心力"。

⑥ "亦"，《金》本作"自"。

译文

有人问："佛经中已具有此法，何必再造论重加宣说？"

答曰："佛经中虽有此法，但众生根器不同，接受与理解的能力也有差别。如来在世的时候，众生固有的根机敏利，能说法的佛陀又身、语、意三业殊胜，所以佛以一音演说诸法，众生随类各得其解，因而不须作论。如来灭度之后，有的众生，能以自己的能力，广闻经教而得理解；有的众生，凭自己的能力，虽少闻经教，而能够多得理解；有的众生，没有悟解佛经的能力，需要借助于详细论释才能理解佛法；有的众生，又因为论释文字太多而为之心烦，喜欢通过言简意赅的论作而广泛摄受佛法。此论之作，正是为了从简明的文字来总括如来所说深妙至极、广大无边的大乘经典的全部义理。所以应当造作此论。"

本论大旨

原典

已说因缘分，次说立义分。

摩诃衍者，总说有二种。云何为二？一者法①，二者义②。

所言法者，谓众生心③。是心则摄一切世间④法、出世间⑤法。依于此心，显示摩诃衍义。何以故？是心真如相⑥，即示摩诃衍体⑦故；是心生灭因缘相⑧，能示摩诃衍自体相用⑨故。

所言义者，则有三种。云何为三？一者体大⑩，谓一切法真如平等，不增减故；二者相大⑪，谓如来藏⑫具足无量性功德⑬故；三者用大⑭，能生一切世间、出世间善因果故，一切诸佛本所乘故，一切菩萨皆乘此法到如来地故。

注释

①**法**：梵文 Dharma，唐译本分别译为有法、法。概指一切有形与无形，真实与虚妄，本体与现象等。通常可分别有本体与现象二义。在此文中，法作法体解，指大乘法体。

②**义**：梵文 Artha，又译道理、意味等。即表示内涵、意义等，这里指大乘法义。

③**众生心**：这是《起信论》中一个非常重要的概念，是其全部学说展开的主体。众生心，即如来藏心，被看作大乘的法体，二者名异而实同，从能持有的众生讲，称"众生心"；从所持的功德讲，称"如来藏心"。本论认定，众生只有依靠本有的心性求得解脱，因而众生心即是由染到净、由不觉到觉、由世间到出世间的"大乘"。这是由于"一心"而具"二门"，是真如本体与生灭现象的和合实体。正是在这样的"众生心"中，染净互熏，无明与真如互相影响作用，现实世界得以建立，而回归涅槃的自我解脱，也有了实现的内在根据和根本保证。

④**一切世间**：世间，世为迁流、破坏之义，间有中与间隔之义，因此，世间指堕于世中之事物，彼此之间，相互间隔而有界畔。在《起信论》中，世间即指真如与生灭、本觉与不觉、净与染和合的现象世界。此句

"一切世间"下,《贤首疏》本无"法"字。

⑤ **出世间**:相对于"世间"之称,概指真如、本觉之本体,它超出一切有漏、轮回的世间境界。

⑥ **心真如相**:指众生心中永恒不变的真如方面。

⑦ **体**:实体,本性,指存在的内在根据。

⑧ **心生灭因缘相**:指众生心中,染净对待,真如与生灭和合,觉与不觉相融的方面。包含大乘法体、相、用三个方面。

⑨ **相用**:相,指生灭门中的无量性功德;用,系指真如随缘而不变的活动。

⑩ **体大**:指真如理体,不生不灭,随缘变化而体不增减,为一切法之所依。

⑪ **相大**:指不空如来藏,具足无量无边的无漏功德,这些功德,为真如实性而发起,相不离性,性、体通过相而显示其妙用,所以称之为"性功德"。

⑫ **如来藏**:此处指众生心中藏有如来法身,即自性清净的真如本体。

⑬ **性功德**:指作为真如本体的如来藏中本来就具足固有的无量功德。

⑭ **用大**:指真如理体,具有产生一切善因果的大能力。在《起信论》中系指本觉在众生心中所唤醒的还灭反净的觉性之义。

译文

已说造论因由，次说立论大旨。

所谓大乘佛法，总体上可以从两方面立说。哪两方面呢？一是从大乘的法体方面说，二是从大乘的义理方面说。

这里所说的"法体"，即是指"众生心"。这个"心"，包括世俗世界的一切现象和出离世俗世界的一切现象。正是依存于这个"众生心"，显示了大乘佛法的一切含义。为什么呢？因为这个"众生心"的真如之相，永恒不变，即展现了大乘佛法的本体自性；而它的生灭之相，随缘变化，则既能显示大乘佛法自身的本体，又能显示它的相状和功用。

这里所说的"义理"，则有三方面。哪三方面呢？一、真如本体大，即是说，"心"作为真如本体，作为一切现象所具的共性，无论随染或还净，无论在世间或出世间，性恒平等，不增不减；二、真如的相状大，即是说，"心"作为"如来藏"，其中本具有无量无边的法性功德；三、真如的功用大，即是说，由此真如，能生起一切世间和出世间、有漏和无漏的因缘果报；因为，一切诸佛都是以"心"这一大乘法到达究竟地的，一切菩萨也是乘此大法到达如来地的。

义理解释

原典

已说立义分，次说解释分。解释分有三种。云何为三？一者显示正义；二者对治邪执①；三者分别发趣道②相。

显示正义者，依一心法有二种门③。云何为二？一者心真如门；二者心生灭门④。是二种门，皆各总摄一切法。此义云何？以是二门不相离⑤故。

注释

① **对治邪执**：指有针对性地克服、破除"人我执"与"法我执"。

② **发趣道**：发为发起，趣为趣向，道指大乘佛道。发趣道即指发心趣向菩提道的必经步骤。

③ **门**：此指含义。

④ **心真如门、心生灭门**：此义参见上文中心真如、心生灭二相之解释。

⑤ **不相离**：指真如本体与它的相状，作用不相疏离，统摄于一心。

译文

已说立论大旨，其次正式解释本论所立大乘之义。解释可分为三部分。哪三部分？第一是正面解释本论所立"一心二门"的大乘义理。第二是以大乘法药，对治"人我执"和"法我执"。第三是指明发心趣向佛道的各种阶位与方法。

1 显示正义

关于"一心"与"二门"

首先所显示的大乘正确义理，就是上述"一心"（即众生心或如来藏心）。可以分两方面（二门）来说明。哪两方面呢？一是心真如门，一是心生灭门。"心"的这两门，各自都能涵摄世间与出世间的一切法。这意味着什么？这是因为，此两门乃体、相关系，彼此互不相离的缘故。

原典

心真如者，即是一法界^①大总相^②法门^③体。

所谓心性不生不灭^④。一切诸法，唯依妄念^⑤而有差别。若离心念^⑥，则无一切境界^⑦之相。是故一切法，从本已来，离言说相，离名字^⑧相，离心缘^⑨相，毕竟平等，无有变异，不可破坏，唯是一心，故名真如。以一切言说，假名无实，但随妄念，不可得故。言真如者，亦无有相。谓言说之极，因言遣言^⑩。此真如体，无有可遣^⑪，以一切法悉皆真故；亦无可立^⑫，以一切法皆同如故。当知一切法不可说，不可念，故名为真如。

问曰：若如是义者，诸众生等，云何随顺^⑬而能得入^⑭？

答曰：若知一切法，虽说，无有能说可说；虽念，亦无能念可念，是名随顺。若离于念，名为得入。

复次，此^⑮真如者，依言说分别，有二种义。云何为二？一者如实空^⑯，以能究竟显实故；二者如实不空^⑰，以有自体具足无漏性功德故。

注释

① **法界**：梵名 Dharmadhātu，又译为实相，一般可以从两个方面理解。从现象方面释，就事而言，法者，表示事物的自体；界者，表示事物的分界。即表示不同分界的事物。也可总摄一切现象界之万事万物，相当于华严宗说的"事法界"。约本体实性方面释，"法界"或

谓之真如法性、实相、实际等，在这里，"界"为因凭之义，即因依之而生诸圣道；"界"又可释为法性，即法界为一切法所依之性。在《起信》中，法界作法性实相解，一法界或一真法界，指真如实体唯一无二，本论所说的真如实体即一切众生的离念真心。

②**大总相**：总相，相对别相言，大谓无所不包。大总相，即指涵摄真如与生灭二门之相。

③**法门**：佛所说法，为世准则的，叫作法；无论凡圣，均以此为入道的通口，此之谓门。

④**心性不生不灭**：心性，唐译本译作心本性，更为浅易。这里不生不灭是指心的本体方面而言，不是泛指一切心。

⑤**妄念**：指凡夫贪慕六尘而产生的虚妄不实的心理思想活动。

⑥"心念"，《金》本、《丽》本均作"妄念"，较切。

⑦**境界**：依主观妄念活动而变现出的色、声、香、味、触、法六种认识和行为对象。

⑧**名字**：梵文 Nāma，名者实名，字者假名，总指事物之名称。此指名词、概念。

⑨**离心缘**：心缘，此系指一切意识的活动、认识与攀缘。"离心缘"，法藏《大乘起信论义记》卷中释为"非意言分别"。

⑩ **因言遣言**：佛学中为了表示排遣名相的一种方便施设。以一种名言排遣另一些名言的执着，这种遣言的名言，自身也是一种非实有的假名，所以自身最终也要遣除。正如法藏《大乘起信论义记》卷中说："若无此名，无以遣名；若存此名，亦不遣名。"这只是为了表达名言所不能直接表达的真如，而采用的一种语言概念上的巧说方便。

⑪ **真如体，无有可遣**：遣，只是遣除名相、概念等可以把握真如的可能性，而不是连真如实性也一起遣除，那样便会陷入断见的顽空观。

⑫ **亦无可立**：一般人以为真如实体无可遣，则似乎有法可立，起心攀缘，产生妄念；而真如实体乃离一切妄情分别，无任何差别相，故也无法可立。

⑬ **随顺**：一种方便的观照方法，即观照一切妄念都没有自性，虚假不实。这种观照方法不是要求离念，断绝一切念头，而是要体会到念处相空，虽念，实无能念的我及可念的法。这种即念而又不住念的方法，一方面不是灭念，因而离于顽空的断见；另一方面，知念无实，又离于执着的常见，断常双遣，才能叫作随顺入道的方便观照。

⑭ **得入**：入真如三昧。得入实际上是在随顺的基础上远离一切妄念，达到豁然大悟的境界。

⑮ "此"，《金》本无。

⑯ **如实空**：唐译本为真实空。如即真如，实即实体。如实空，指真如实体远离一切虚妄染法。

⑰ **如实不空**：唐译本为真实不空。有二种解释：一是表示真如确有其存在之体；一是表示真如具有无边无量的胜妙功德，以与有漏烦恼相区别。

译文

（1）心真如门

心真如义

心真如，即作为"真如"的心，指的是一切事物最普遍的共性，统一无差别的本原，赖以生成存在的本体。

心的本性是不随妄生、不随染灭的。一切现象，只是因为心中幻起的妄念，才产生纷纭错乱的差别。如果远离一切妄念，就不会产生种种境界的假相。所以，一切现象，从其本体来说，都是脱离言说、概念以及思虑所表达的相状。因为真如本体，毕竟平等无二，没有变异，不可坏灭，只是一心永在，所以叫作"真如"。一切言语施设，都是假名，没有实性，由随缘的妄念而产生，不能得到真实。此处所说的"真如"，也没有任何相状，超越一切言语的施设。说它是"真如"，只是为了表达的方便而说，而这一概念自身，也是应该遣除的。至于"真如"的实体，则是实际存在而没有什么可以遣除的，因为一切染净诸法，都是"真如"的表现；也没有什么可以建立的，因为一切染净诸法，与"真如"无二无别，所以也不能在一切法之外去别立"真如"。应该知道，一切现象，就其本体而言，不可言说，不可思虑，所以叫作"真如"。

有人问：如果是这样——一切法都以"真如"为本体，不可言说，不可思虑，那么所有众生又怎样能随顺真如法性而证得真如呢？

回答说：如果认识到一切法，虽有言说，而实际上是不能言说和不可言说的；虽有思念，实际上是不能思念和不可思念的，这就叫"随顺"，如果再进一步远离一切妄念，契合无念的真理，便叫作证得"真如"。

其次，所谓"真如"（离言离相，无有可说，但为了众生理解，勉强依言说加以分析），则有两种含义。哪两种呢？一是"如实空"，指它能究竟显示出"真如"自体的真实性。二是"如实不空"，指它确有自体具足、清净无漏的法性功德。

所言空者，从本^①已来，一切染法^②不相应故。谓离一切法差别之相，以无虚妄心念故。

当知真如自性，非有相，非无相，非非有相，非非无相，非有无俱相；非一相，非异相，非非一相，非非异相，非一异俱相^③。乃至总说，依一切众生以有妄心，念念分别，皆不相应，故说为空。若离妄心，实无可空故。

所言不空者，已显法体空无妄故，即是真心。常恒不变，净法^④满足，则^⑤名不空，亦无有相可取，以离念境界，唯证^⑥相应故。

注释

① "本"，《资》《碛》《普》《南》《径》《清》本均作"昔"。

② **染法**：染者，污染之义。污染真性，使不清净，故名为染法。通常概指与无明相应，由无明而起之法。

③ **非有相等句**：佛学常用的一种遮诠法，表示真如本体不是一切言语思虑所可达到的，所有名词概念，皆是戏论。

④ **净法**：此系指不空义中的清净之义，远离一切污染之法。

⑤ "则"，《金》本作"故"。

⑥ **证**：指无漏之正智，能与真如相契会。"证"在《起信论》中应以觉性释义，即是一种觉证。从认识上，遣除一般感性认识与理性认识对真如的把握，但并不因此堕入顽空泯灭，而是肯定有一种超越感性与理性的离念之智，可以直接与真如相契会，这就是佛家常说的证悟。

译文

如实空义

此处所谓"空"，是指真如从来与世间一切虚妄污染的现象都不相应，它远离一切事物的差别之相，因没有任何虚妄心念。

应当认识到，真如的本性，既不是有相，也不是无相；既不是非有相，也不是非无相，又不是亦有亦无相。既不是一相，也不是异相；既不是非一相，也不是非异相，又不是亦一亦异相。总而言之，依据众生因有虚妄心念，才产生念念分别，均与真如本体不相适应，所以说之为"空"。如果远离虚妄心念，实际上是没有什么可空的。

如实不空义

此处所说的"不空",是指已显示的法体即真如本体,是空而无妄的,这就是真心。这真心恒常不变,具备圆满无缺的清净之法,所以说它为不空。它没有任何形相可以执取,因为它远离一切妄念的境界,只有对真如的证悟,才能与之契合相应。

原典

心生灭者,依如来藏①故有生灭心。所谓不生不灭与生灭和合②,非一非异③,名为阿黎耶识④。此识有两种义,能摄一切法⑤,生一切法⑥。云何为二?一者觉⑦义,二者不觉义。

注释

① **如来藏**:梵文 Tathāgatagarbha 的意译。藏,乃含藏或胎藏之意,指众生的自性清净心中蕴含有如来的一切智慧功德及一切成佛的因素,即佛性,是大乘佛教对众生心的又一规定性。世亲在其所撰《佛性论·如来藏品》中对如来藏的含义作了三种解释:一、所摄,世间

一切众生皆为如来之性，即真如所摄；二、隐覆，如来之性被众生的烦恼所隐覆不显，故名曰藏；三、能摄，真如实性虽隐藏在众生烦恼之中，但仍含蕴有如来的一切功德。《起信论》把如来藏作为最重要的中心范畴，展开了它的如来藏（真如）缘起论，肯定有生灭的染心，依托于不生灭的如来藏（自性清净心）而有。宛如不动水，因风起浪而作动水。动静虽殊，水体是一。即是说，如来藏是不生不灭与生灭的和合体。

② **不生不灭与生灭和合**：指如来藏清净心，与之相对的"生灭"，指七识染心。和合，不相离之义，这里指不生灭的清净心与生灭的染心不相舍离，非是两体。

③ **非一非异**：非异，指真如理体随缘而动，与生灭无异，故说非异；非一，指真如理体虽随缘而变，而其真性恒常不变，与生灭不同，故说非一。此即说明本体与现象为一体二面，同体故非异，性质差别故非一。

④ **阿黎耶识**：梵文 Ālaya-Vijñāna，又译为藏识、阿赖耶识、无没识等。关于此识，佛家诸说有不同理解与界定，在《起信论》中特指染净和合、体一义异的一种复合识。

⑤ **摄一切法**：阿黎耶识处生灭门，具有生灭与不生灭，染与净，不觉与觉等义，所以包括一切万法。

⑥ **生一切法**：真如门无能生义，阿黎耶识处能生

的生灭门，故说能生。因其和合染净，觉不觉二义，二者矛盾互动，构成由净转染、由觉转迷的流转相和由染还净、由迷返觉的还灭相。依此双向的生成运动，而谓之生一切法。

⑦ 觉：梵文 Bodhi，又译菩提。有觉察与觉悟二种含义。觉察即察知恶事；觉悟即开悟真理。大乘佛教把觉悟视作成佛的标志。

译文

（2）心生灭门

阿赖耶识（藏识）

所谓的"心生灭门"，依存于不生灭的如来藏，即真如心而有生灭心。即是说，不生不灭的如来藏清净心与有生有灭的杂染心和合在一起。清净心随缘变化，而本性不变，所以与杂染心不同；清净心虽本性不变，而又随缘变化，所以又与杂染心不异。这称为阿赖耶识。这个阿赖耶识，能包摄一切染净诸法，也能派生一切染净诸法。它具有两种含义。哪两种含义呢？一是觉的含义，另一是不觉的含义。

原典

所言觉义者，谓心体离念。离念相者，等虚空界①，无所不遍。法界一相②，即是如来平等法身③。依此法身，说名本觉④。何以故？本觉义者，对始觉⑤义说。以始觉者，即同本觉。⑥

始觉义者，依本觉故而有不觉，依不觉故说有始觉。

又以觉心源⑦故，名究竟觉⑧；不觉心源故，非究竟觉。

此义云何？如凡夫人，觉知前念起恶故，能止后念，令其不起。虽复名觉，即是不觉故。

如二乘观智⑨、初发意菩萨⑩等，觉于念异⑪，念无异⑫相，以舍粗分别执着相⑬故，名相似觉⑭。

如法身菩萨⑮等，觉于念住⑯，念无住相，以离分别粗念相⑰故，名随分觉⑱。

如菩萨地尽⑲，满足方便，一念相应⑳，觉心初起，心无初相㉑，以远离微细念㉒故，得见心性，心㉓即常住，名究竟觉。是故修多罗说：若有众生，能观无念者，则为向佛智故。

又心起㉔者，无有初相可知，而言知初相者，即谓无念。是故一切众生，不名为觉，以从本来念念相续，未曾离念，故说无始无明㉕。若得无念者，则知心相生、住、异、灭^㉖，以无念等故，而实无有始觉之异。以四相俱时而有^㉗，皆无自立^㉘，本来平等，同一觉^㉙故。

复次，本觉随染^㉚分别，生二种相，与彼本觉不相舍离。云何为二？一者智净相^㉛，二者不思议业相^㉜。

智净相者，谓依法力熏习^㉝，如实修行，满足方便故，破和合识^㉞相，灭相续心^㉟相，显现法身，智淳净故。此义云何？以一切心识^㊱之相，皆是无明。无明之相，不离觉性，非可坏，非不可坏^㊲。如大海水，因风波动，水相风相不相舍离。而水非动性，若风止灭，动相则灭，湿性不坏故。如是众生自性清净心，因无明风动，心与无明俱无形相，不相舍离。而心非动性，若无明灭，相续则灭，智性^㊳不坏故。

不思议业相者，以依智净^㊴，能作一切胜妙境界。所谓无量功德之相，常无断绝，随众生根，自然相应，种种而现^㊵，得利益故。

复次，觉体相^㊶者，有四种大义，与虚空等，犹如净镜。

云何为四？

一者如实空^㊷镜，远离一切心境界^㊸相，无法可现，非觉照义故。

二者因熏习^㊹镜，谓如实不空，一切世间境界，悉于中现，不出不入⁴⁵，不失不坏⁴⁶，常住一心，以一切法即真实性故。又一切染法所不能染，智体不动⁴⁷，具足无漏，熏众生故。

三者法出离镜，谓不空法，出烦恼碍⁴⁸、智碍⁴⁹，离和合相，淳净明⁵⁰故。

四者缘熏习镜，谓依法出离故，遍照众生之心，令修善根，随念示现故。

注释

①**虚空界**：虚无形质，空无障碍，周遍一切处，名虚空。此指真如理法界或本体界。由于《起信论》讲本觉，所以又喻指本觉的无限性。

②**法界一相**：指一切现象，虽千差万别，但就体性上说，都是真如之相，故谓一相。

③**法身**：梵文 Dharmakāya，佛的三身之一，通称佛之真身，即以佛法为身乃佛法的人格化。

④**本觉**：众生心体，自性清净，离一切妄想，有灵明觉知之性，非假修习而成，是众生本有之性德，指众生先天本有的觉悟。

⑤**始觉**：指众生后天修行始得的觉悟。始觉并非本觉以外的一种认识能力，而是依本觉之体，在与不觉

相对待的杂染位上，向上实现自我认识，还契心源的一种本觉活动。

⑥ **以始觉者，即同本觉**：指始觉与本觉从体性上说没有差别，始觉就是本觉处在不觉杂染状态下的一种自我觉醒。

⑦ **心源**：心为万法根源，心源即指万法所产生的最初状态或未发状态，行相极为微细。

⑧ **究竟觉**：断尽根本无明，得到究竟真觉，亦即指证得如来圆智。这是本觉自我认识运动的最高阶段，即完成了自我认识，与自体合一的状态。

⑨ **二乘观智**：指佛教中声闻、缘觉二乘，观照一切法的智慧。

⑩ **初发意菩萨**：指菩萨修习十位中的初发心住菩萨。

⑪ **念异**：唐译本为有念无念体相别异。指能区别有念的觉性与无明的妄念，这时虽然我执已破，无念的法执尚存。

⑫ **念无异**：指泯灭有无、我法等差别，但未证法空之理。

⑬ **粗分别执着相**：粗分别指因善恶不同而起的贪瞋等分别；执着相，即指因违顺境界不同而分别执着。

⑭ **相似觉**：觉知见思之惑而能断之，获得类似的觉悟，是始觉向本觉回归过程中的最初阶段，尚有一些

无明的微细妄念未断，还没有得到真觉，所以名相似觉。

⑮ **法身菩萨**：指初地以上，能断一分无明即证一分法身的菩萨。

⑯ **念住**：唐译本为念无念。指能觉知到一切法都是由于"能见"的意识所生，所以不起心外粗执分别，但尚有染净法的分别执着存在，离无染净对待的究竟觉尚差一格。

⑰ **分别粗念相**：比前"粗分别执着相"更进一层，前约境上起分别，此约心念上说。虽不于境上（心外）妄起分别，仍有念上的染净分别。

⑱ **随分觉**：分分断无明，分分得真觉。即指始觉向本觉回归运动中的第二阶段，部分地断除无明，部分地证到真觉。

⑲ **菩萨地尽**：指圆满修习完成了菩萨的十个阶位，达到觉悟穷尽的境界。

⑳ **一念相应**：指于瞬间与真如契会。

㉑ **无初相**：与真如契会，是觉性的作用，故说觉心初起，但又不可以说，与真如契会是由迷到悟，因为觉心虽起，实是本觉自我认识的实现，迷时觉性已在，所以迷尽觉起，只是本觉的自我觉醒，契会真如，只是一种复归，从这一意义上，不可谓之初起。

㉒ **微细念**：指无明风动的最初一瞬，微妙难知，

故名之。

㉓ "心",《资》《碛》《普》《南》《径》《清》本均作"心性"。

㉔ **心起**：指上文觉心初起。

㉕ **无始无明**：无明即愚痴，不能了知佛法的一切意识活动。无始无明，指无明为一切染法之根源，再无其他染法开始于无明之先。本论把尚无分别的"心动"或抽象的"念起"视为"无始无明"。

㉖ **生、住、异、灭**：佛教中用以表示有为法的四相。生，谓生起事物；住，谓安住事物；异，谓衰变事物；灭，谓坏灭事物。这四相分别表示由真如缘起生灭事物的四个阶段。

㉗ **俱时而有**：指证得无念时，则知有为法四相均为妄念所现，虚幻不实，所以没有前后体性的差异。

㉘ **无自立**：无自性，无自体可立之义。

㉙ **同一觉**：指有为法四相，从体性上说，同属一真如本觉。

㉚ **随染**：随顺污染之法。

㉛ **智净相**：唐译本为净智相。指本觉内熏无明，返染成净之相。

㉜ **不思议业相**：指本觉业用之大。

㉝ **法力熏习**：指本觉随染而内熏还本的净熏习力。

通常可分为二种。一是本觉法熏习，指本觉内熏不觉，使之由迷向觉，由流转向还灭。二是教法熏习，指通过对世间善法、佛教经籍的学习，及善知识教示等，由外向内熏习，又称现行种子。

㉞ **和合识**：上述生灭与不生灭和合的阿黎耶识。

㉟ **相续心**：唐译本为转识。泛指前七识，具有因果相续不断的特征。

㊱ **识**：与心体相对应，指心体受染后的染相，共具八识。

㊲ **非可坏，非不可坏**：无明无自性，以本觉为体，二者关系是非异（从体性上说）；无明即迷，即生灭，本觉即悟，即还灭，二者的意义非一（就功能上说）。以本觉为体，性体恒常不灭，所以说非可坏；与本觉功能非一，返迷成觉，则无明相灭，所以说非不可坏。

㊳ **智性**：智慧之本性，此指本觉的理体，谓生灭相续之心相可以断除，而本觉之理体不会坏灭。

㊴ "净"，《石》本作"净相"。

㊵ "现"，《金》本作"见"。

㊶ **觉体相**：觉体指本觉，觉体相即本觉的相状。

㊷ **如实空**：指真如实体本无妄法之义，此处空即空妄之义。法藏《大乘起信论义记》卷中云："内真如中，妄法本无，非先有后无，故云如实空。"

㊸ **心境界**：心指能分别的妄心，境指所分别的认识对象，亦是妄境。此多指虚妄不实的虚妄心境。

㊹ **因熏习**：指本觉具有显现一切事相（因），与从内部熏习众生成悟的功能。即指本觉之用。

㊺ **不出不入**：不出，意指本觉显相的作用不是自出的，而是有待外缘熏习而表现的。不入，指本觉虽待外缘而显相，但事相若无本觉为体，也无从显现，所以说，显相功能又不能说是外入的。既待外缘又不外入，像镜子一样，无相（外缘）不显，无镜亦无法显。

㊻ **不失不坏**：不失，即指由主客（心、境）所缘起的现象既然存在，所以不能说无。不坏，意指因缘所起的现象无自体（自性空），而与真如本觉同体，所以不可变灭。

㊼ **智体不动**：智体指本觉，不动指无染。

㊽ **烦恼碍**：又称烦恼障，二障之一，对于所知障而言。指以我执为首的贪、瞋、痴等烦恼。因其扰乱有情，障碍人们成就涅槃，故名。

㊾ **智碍**：又称所知障。以法执为首的无明，障碍人们对真理的认识与菩提的成就。其体为根本无明。

㊿ **淳净明**：离和合相，名曰淳；无惑染，名曰净；出无明，名曰明。

译文

辨觉义

首先，所谓"觉"，是说自性清净心的本体，远离一切妄念。远离妄念，就如同虚空一样，无所不在，无所不包，这时一切境界，真俗无碍，平等一如，也就是如来平等法身。依此法身，而说有本觉的概念。为什么呢？本觉的含义，是相对于始觉而言的，因为始觉从体性上说即同于本觉。

所谓始觉，是由于本觉受熏而产生不觉，由不觉而产生与之相对待的始觉。

又因为彻悟到心为万法的根源，称为究竟觉。如没有彻悟到万法于心上生，即称为非究竟觉。

关于"觉"的含义的这种分疏，是什么意思呢？例如，一般的凡夫，能够觉知到前念的错误，而能防止以后妄念繁生。这虽然也叫作觉，但由于没有彻悟心源，事实上也还是不觉。

又如声闻、缘觉二乘以及初住菩萨等，他们都能够觉知到有念、无念的体相差异，消除有、无、我、法的差别，因已舍离贪、瞋等烦恼和分别顺、逆、苦、乐等执着，类似于真觉，所以叫相似觉。

又如证得法身的诸菩萨等，能够觉知万法唯识，一切念境皆空，再离此空相，因而舍去了心念上一切粗念分别的执着，所以叫随分觉。

至于修习十地已尽的菩萨，圆满地完成了六度万行，能够一念间与真如契合，能觉知一切烦恼分别均由"心"中无明初动，而心本没有初动相状。这种觉知已远离微细难知的无明生相，能彻见本有的佛性，使心湛然常寂，达到最终的觉悟，叫作究竟觉。因此，佛经中说："如果众生，能够观照到无念的道理，就是趋向如来智慧。"

上面说到觉心初起，实际上没有初起之相可言；而为方便施设，而说知初相，就是指觉知最初本来就是无念，因为妄念乃是心的虚妄产物，回归本觉的觉心初起即是无念。一切众生，虽具本觉，但不能名为觉，因他们从本以来，念念不断，从未离念，所以才说他们无始以来，为无明所覆。如果证得无念本觉，则会觉知一切众生的心相：生、住、异、灭，并体悟到它们在无念上原是平等一如的，所以也就没有不觉与始觉的区别。因为上述生、住、异、灭四相，同时存在于妄念之中，都没有自己的实性，只是本觉自我认识过程中的不同状态和表象而已，与本觉没有体性上的差别。

再次，本觉随染法熏习，分别生起二种不同的相。这两种相与本觉之体互不相离。哪两种相呢？一是智净相，二是不思议业相。

所谓的"智净相"，即指依本觉内熏和教法外缘的力量，依佛法正理如实修行，圆满六度万行，破除阿赖耶识（的生灭相），断灭相继不绝的尘心妄念，显现纯净无染的本觉之性。这是什么意思呢？因为一切心识活动之相，都由无明所致。而无明之相，又不离本觉之体，所以既是不可坏灭的，又不是不可坏灭的。就好像大海之水，因风起浪而波动。水相与风相互不相离。但大海水的本性是不动的，如果风止息，那么水中波浪的动相也就止息，而水的湿性却不会坏灭。同样，众生自性清净的本觉之心，因为无明风的吹动，生起识的波浪，本心与无明，都无形相可得，它们也互相依存，不相舍离。本觉之性本来不动，如果无明风灭，则生灭相续的心相也就会停止，而无明曾经依存的智性不会坏灭。

所谓的"不思议业相"，指由于"智净相"熏习之力，而表现出的各种各样的胜妙境界，即无边无量的功德之相，常恒不断。它因众生根机不同，随机示现，自然感应，使他们获得种种利益。

又本觉自体的相状，有四种大义，可比作无形无碍的广大虚空，又如同清净无尘的明镜。

有哪四种大义呢？

一是如实空镜，如明镜自身本无影像，也无能照、所照的分别，本觉自体远离一切主客观所幻化的妄相，没有任何事物和现象可以显现，所以也没有觉照的功能。

二是因熏习镜，指如实不空。即一切世间的现象都可以在本觉之中显现。这种显现，既不是本觉自生自出的，而是有待外熏而有的；虽说是外熏而有，又不可说是离本觉功能而外来的。既然有现象显现，所以不可说无；虽然说它是现象，而现象又没有自性，而是以本觉为体，它恒常住于一心之中。因为一切现象即是真如实性的表现。又本觉虽然显现一切染法，而自体又不为染法所污染，所以说本觉不动，具足无量无边的清净功德，可以从内熏习众生，使之趋向菩提。

三是法出离镜，由于本觉的不空属性，众生出离烦恼障和智障，也远离一切生灭、不生灭和合的状态，达到纯净无染，智慧光明。

四是缘熏习镜，指基于法出离境的缘由，即能普遍观照众生的心识活动，使他们修习善根，并随机示教，以作众生觉悟的外缘。

原典

所言不觉义者，谓不如实知真如法一①故，不觉心起，而有其念。念无自相，不离本觉。② 犹如迷人，依方故迷；若离于方，则无有迷。众生亦尔，依觉故迷，若离觉性，则无不觉。以有不觉妄想心故，能知名义，为说真觉。若离不觉之心，则无真觉自相可说。

复次，依不觉故生三种相③，与彼不觉相应不离。

云何为三？

一者无明业相。以依不觉④故心动，说名为业。觉则不动，动则⑤有苦，果不离因故。

二者能见相⑥。以依动故能见，不动则无见。

三者境界相⑦。以依能见故境界妄现，离见则无境界。

以有境界缘故，后生六种相⑧。

云何为六？

一者智相。依于境界，心起分别，爱与不爱故。

二者相续相。依于智故，生其苦乐，觉心⑨起念，相应不断故。

三者执取相⑩。依于相续，缘念境界，住持苦乐，心起著故。

四者计名字相⑪。依于妄执，分别假名言相故。

五者起业相。依于名字，寻名取著，造种种业故。

六者业系苦相。以依业受果，不自在故。

当知无明能生一切染法，以一切染法，皆是不觉相⑫故。

注释

①**真如法一**：一，在这里的含义，照法藏《大乘起信论义记》卷中的解释是"如理一味"之义，也就是理与事，本体与现象之间的不二之义。

②**念无自相，不离本觉**：唐译本译妄念自无实相，不离本觉。多一个"实"字，更加突出念无自体的思想。所谓无自相，即指无自体相，表明妄念依本觉而有，是本觉自我认识运动中的一种不自觉或不自知的状态（潜在状态），而不是本觉之外的另一种体相。

此段下文诸语，反复申说此义。不过应注意"说真觉"之义与妄念和本觉的关系。文中认为依"不觉妄想心"才"说真觉"，即以经典说法的可言说的方法来表明佛性本觉的意义。"若离不觉之心，则无真觉自相可说"，即不觉妄念心灭，则本觉之相自显，无须借助名言以说明。这里注意二层意义：一是无真觉自相可说，并不是否定真觉（本觉）的存在，而是再一次突出本觉本体的"自性空"义，即本觉本体的不可说义。二是"说真觉"是相待不觉妄心而有，依不觉妄心灭而随灭，即是一种"因指见月"的方便之法，也即是《金刚经》中所谓船筏之喻，是介乎妄与本觉之间的一种状态，这就是本论说的始觉义。

③ **三种相**：指三种细相,《起信论》把无明不觉之相分为二类,即三细与六粗。法藏《大乘起信论义记》卷中认为,三细均属阿赖耶识内,不为一般认知所认识。

④ **不觉**：在这里指根本无明。

⑤ "**则**",《资》《碛》《普》《南》《径》《清》本均作"即"。

⑥ **能见相**：亦名转相,此相与境界相相对,泛指主观的认识能力。

⑦ **境界相**：境界,指由主观认识能力所变现的境。又名现相,又名现识,与唯识宗所谓与识之自体分所变现的相分相同。

⑧ **六种相**：这里指由境界幻化的六种粗相,它不属阿赖耶识,而属意识范围。

⑨ **觉心**：觉在此没有觉悟之义,而是指一般的知觉运动,当动词用,意即动心之义。

⑩ **执取相**：指由于不知苦乐等境均是虚妄,深起执着。

⑪ **计名字相**：计谓计度,以妄念推度。此即指以妄念推度事物,假立名称、概念之相。

⑫ **不觉相**：指根本无明之相。

译文

不觉义

所谓"不觉"的含义，是指不能真实了解真如与现象不二的真谛，所以不觉心起动而产生种种妄念。妄念没有自身的体相，它的存在不离本觉而有。好比迷路的人，由于特定方向才产生迷惑；如果舍离方向的概念，也就不会有迷路的现象存在。一切众生的妄念也是这样，因有觉所以才有所谓的迷，如果没有觉性的话，也就不会有所谓的不觉。正是由于有不觉的妄想心存在，能了知世间、出世间一切法的名义，所以为之说"真觉"之义，如果没有"不觉"之心，也就没有"真觉"的体性可说了。

再次，依于不觉，产生三种细相。这三种细相与不觉相互依存，不可分离。

有哪三种细相呢？

一是无明造业之相。指由于根本无明而生起妄心动念，即名之为"业"。如有了觉悟则不会有妄心动念。有妄心动念即会招致人生诸苦，诸苦是果，动念是因，果离不开因。

二是能见之相。指由于起心动念，产生主观的认识活动。如果没有起心动念，也就不会产生主观的认识活动。

三是境界之相。指由于主观的认识活动而转现出虚妄的境界。如果远离主观认识能力，也就没有虚妄境界可现。

以上述三细相所幻现的境界为因缘，又产生出六种粗相。

有哪六种粗相呢？

一是智相——以境界为缘，心起分别的分别智。由于心分别境，因而有爱与不爱。

二是相续相——相续不断之相。指它是依于智相而有的。由于对境起心而有爱与不爱，有分别智生，才使心产生苦受与乐受的感受，由是产生种种心念，永不断绝。

三是执取相——执着贪求之相。指依相续相，攀缘系念苦乐之境界，执持苦乐感受，分别生起执着之心。

四是计名字相——妄立名字之相。指依于虚妄的执着，分别计度虚假名称概念之相。

五是起业相——生起种种业相。指依于计度名字相，追逐名言指谓的事物，生执着心，造成种种善、恶之业。

六是业系苦相——被业所系缚而受苦之相。指依于起业相而招致相应的果报，不能自在解脱。

由此当知，无明可以产生一切染污之法，所以一切染污之法，都是根本无明的一种相状。

复次，觉与不觉有二种相。云何为二？一者同相，二者异相。

言^①同相者，譬如种种瓦器，皆同微尘性相^②。如是无漏^③无明^④种种业幻^⑤，皆同真如性相。是故修多罗中，依于此^⑥真如义故，说一切众生本来常住，入于涅槃。菩提之法，非可修相，非可作相，毕竟无得^⑦。亦无色相^⑧可见，而有见色相者，唯是随染业幻所作，非是智色^⑨不空之性，以智相无可见故。

言^⑩异相者，如种种瓦器，各各不同，如是无漏无明，随染幻差别，性染幻差别^⑪故。

注释

①"言"，《金》本无。

② **皆同微尘性相**：性即本性、本体，相即表象、相状。此句意谓种种瓦器皆以微尘为性，而微尘又以种种瓦器为相，故称皆同微尘性相。

③ **无漏**：梵语 anasrava，在此意指本、始二觉，属净法。

④ **无明**：梵语 aridya，在此意指根本无明与枝末无明，属染法。

⑤ **业幻**：由业力活动而产生的虚妄境界。

⑥ "此"字下，《贤首疏》本无"真""如""故"三字。

⑦ **无得**：指涅槃与菩提为心性本有，非为后来修习而成。

⑧ **色相**：诸佛色身的相状，即化、报二身。

⑨ **智色**：本觉之色。

⑩ "言"，《丽》本无。

⑪ **随染幻差别，性染幻差别**：前句就无漏法而言，指本觉受熏而成差别；后者就无明法而言，说其本性就是有差别。法藏《大乘起信论义记》卷中云："随染幻差别者，是无漏法也；性染幻差别，是无明法也。以彼无明迷平等理，是故其性自是差别。"

译文

觉与不觉的关系

再次，觉与不觉（的关系）有二种相状。哪两种呢？一是同相，二是异相。

所谓同相，譬如各种各样的瓦器，都是由同一性质的微细沙尘和合而成，而又表现为种种瓦器的不同相状。同样，无漏净法与无明染法所显现的种种虚妄境界，也都是以真如为本性，而展现出来的各种相状。所以在佛经中，依此真如的含义，说一切众生本来常住不灭，入于涅槃。菩提之法，不是靠修习以及各种行为造作而产生的，而是心性本具，毕竟不是从外获得的，也没有诸佛的色身相貌可见。所谓一切诸佛的色身相貌，只是诸佛随顺众生染业幻心变现所造作，并不是本觉智色的不空之性。因为本觉智色是没有形相可见的。

所谓异相，譬如各种各样的瓦器，有各自不同的相状。同样无漏净法与无明染法也各有不同的相状。本觉真心是随顺染污而幻化出差别相，而无明则是按其自性而有差别之相。

原典

复次，生灭因缘①者，所谓众生依心、意、意识②转故。此义云何？以依阿黎耶识，说有无明。不觉而起，能见、能现、能取境界，起念相续，故说为意。

此意复有五种名。云何为五？

一者名为业识③。谓无明力不觉心动故。

二者名为转识④。依于动心能见相故。

三者名为现识⑤。所谓能现一切境界，犹如明镜现于色像。现识亦尔，随其五尘⑥，对至即现，无有前后。以一切时任运而起⑦，常在前故。

四者名为智识⑧。谓分别染净法故。

五者名为相续识⑨。以念相应不断故，住⑩持过去无量世等善恶之业，令不失故。复能成熟现在未来苦乐等报，无差违故。能令现在已经之事，忽然而念；未来之事，不觉妄虑。

是故，三界⑪虚伪，唯心所作；离心则无六尘⑫境界。此义云何？以一切法，皆从心起，妄念而生。一切分别，即分别自心，心不见心⑬，无相可得。当知世间一切境界，皆依众生无明妄心而得住持。是故一切法，如镜中像，无体可得，唯心虚妄。以心生⑭，则种种法生；心灭⑮，则种种法灭故。

复次，言意识者，即此相续识，依诸凡夫取著转深。计我、我所⑯，种种妄执，随事攀缘，分别六尘，名为意识，亦名分离识⑰，又复说名分别事识。此识依见、爱⑱烦恼，增长义故。

依无明熏习所起识者，非凡夫能知，亦非二乘智慧所觉。谓依菩萨，从初正信发心⑲观察，若证法身⑳，得少分知。乃至菩萨究竟地㉑，不能尽知㉒，唯佛穷了。何以故？是心从本已来，自性清净，而有无明，为无明所染，有其染心。虽有染心，而常恒不变㉓，是故此义，唯佛能知。

所谓心性常无念故，名为不变。以不达一法界㉔故，心不相应㉕，忽然㉖念起，名为无明。

染心者有六种，云何为六？一者执相应染㉗。依二乘解脱㉘，及信相应地㉙远离故。

二者不断相应染㉚。依信相应地修学方便㉛，渐渐能舍，得净心地㉜究竟离故。

三者分别智相应染㉝。依具戒地㉞渐离，及至无相方便地㉟究竟离故。

四者现色不相应染㊱。依色自在地㊲能离故。

五者能见心不相应染㊳。依心自在地㊴能离故。

六者根本业不相应染㊵。依菩萨尽地㊶，得入如来地㊷能离故。

不了一法界㊸义者，从信相应地观察学断，入净心地随分得离，乃至如来地能究竟离故。

言相应义者，谓心念法异㊹，依染净差别，而知相缘相同㊺故。

不相应义者，谓即心不觉，常无别异㊻，不同知相、缘相故。

又染心义者，名为烦恼碍，能障真如根本智^④故。

无明义者，名为智碍，能障世间自然业智^⑧故。

此义云何？以依染心，能见、能现，妄取境界，违平等性故。以一切法常静^⑨，无有起相，无明不觉，妄与法违，故不能得随顺世间一切境界种种知^⑤故。

注释

① **生灭因缘**：因、缘分别指万物产生的原因与条件。在佛教中，通常把"因"作为强原因，把"缘"作为一种弱原因。在这里，生灭因缘有二种解释：一种认为阿赖耶识主体不守自性是生灭的"因"；根本无明熏习心动，是生灭的"外缘"。另一种认为，根本无明是生灭的"因"；妄现境界动起识念，为生灭的"外缘"。

② **心、意、意识**：这三个概念，在早期佛教中，指同一主体的不同认识功用。随着佛教学说的系统化，对这三个概念各有界定。大乘瑜伽学派则分指三类不同的认识主体。《成唯识论》卷五："集起名心，思量为意，了别为识，是三别义。"心，梵文 Citta，即指阿赖耶识；意，梵文 Manas，即末那识，特指依止于阿赖耶识而又能生起意识的精神作用，"恒审思量为我"的主体意识；意识，梵文 Manovijñāna，一般指第六识，或包括前五识。

《起信论》所述虽大体同于唯识学，但内涵又有许多微细差别。心，此处仅指心生灭门中的阿赖耶识，不包括心真如门。意，增加了《楞伽经》与地论师的说法，同"不觉三相"联系起来，提出意有业识、转识、现识、智识、相续识五个层面，大大丰富了意的内容。至于意识，大体概指前六识。

③ **业识**：与前三细相中的无明所生的"无明业相"相对应，即指依止根本无明的力量，产生的不觉之心动，谓之业识，它是一切有情众生流转生死的根本识。

④ **转识**：与前三细相中的"能见相"相对应，指依止"业识"为动因，转心为能见之相，谓之转识。即是能摄取特定境界为认识对象的主观作用。

⑤ **现识**：与前三细相中的"境界相"相对应，依止于转识的能见之相，变现一切境界的主体作用。

⑥ **五尘**：唐译本译作五境。指色、声、香、味、触等境，因此五境，能污染真性，所以名五尘。

⑦ **任运而起**：自然而起，不加造作。

⑧ **智识**：与前六粗相中之"智相"相对应。指思量、分别由"现识"所幻现的一切境界的主观认识能力。

⑨ **相续识**：与前六粗相中之"相续相"对应。意谓念念不断的主观能力。

⑩ "住"，《资》《碛》《径》本均作"任"。

⑪ **三界**：梵文 trilokya，指凡夫生死往来的三种世界。分别有：（一）欲界，指有淫、食二欲的有情住所，包括五道中的地狱、畜生、饿鬼、人、天及他们所依存的场所——器世间。（二）色界，位于欲界之上，离开淫、食二欲的有情住所，包括四静虑处十七种天，称为色界十七天，此界的物质，殊妙精好，故名色界。（三）无色界，此界无一色，无一物，为心识等精神处于深妙禅定的有情场所，包括四天，称四无色天。

⑫ **六尘**：又名六境。指色、声、香、味、触、法。

⑬ **心不见心**：认识对象是由心（阿赖耶识）所幻现，无客观的存在，所以不存在心有能见与所见的问题。

⑭ "生"字下，《金》本有"故"。

⑮ "心灭"，《金》本作"以心灭故"。

⑯ **我、我所**：我，一般指五蕴和合之身为我，我自身之外的万物为我所，亦称我之所有，一般指六尘为我所。

⑰ **分离识**：这是《起信论》独用的概念，指能使认识主体与对象相分离的一种主观能力。

⑱ **见、爱**：见即见烦恼（见惑），是见道惑。爱，即爱烦恼（修惑），是修道惑。二者均指佛教修习过程中所要破除的烦恼。

⑲ **初正信发心**：修行十信圆满，到达十住初位阶段的菩萨。

⑳ **证法身**：指修行到十地初位以上，断一分无明而现一分法性的菩萨。

㉑ **菩萨究竟地**：指菩萨修行十地的最后一位，即最圆满的地位。

㉒ "尽知"，《金》本作"知尽"。

㉓ **常恒不变**：此即指如来藏之心体，亦即本觉真如之体常恒不变。

㉔ **一法界**：此处指真如的本体。

㉕ **心不相应**：心，指如来藏自性清净心。不相应，指染心不能了达如来藏清净心。

㉖ **忽然**：历史上的注家，对此有不同的注解。法藏《大乘起信论别记》卷下认为"忽然"大体有二种含义：一是无始义，表示无明之前，没有别法为始集之本。二是不在时间范围之内，表示不约时节，以说忽然。明真界《大乘起信论纂注》中，则释"忽然"为"无意"，即没有认识到缘起理由。

㉗ **执相应染**：相应，指心王与心所相互依存，相互适应。即指主客观的统一，此即指上六粗中的"执取相""计名字相"，也是上四相中的"粗分别执着相"。把境相看作实在的认识。

㉘ **二乘解脱**：指声闻、缘觉乘人至无学位，见、修烦恼断尽，能解脱"执相应染"。

㉙ **信相应地**：又作信行地、信地。指与信相应，登初住菩萨之阶位。这一阶段的菩萨已达到断除我执的人无我的体验。

㉚ **不断相应染**：不断，指分别法执，相继生起不断，是一种与"法执"相应的认识。此指上述五意中的"相续识"，六粗中的"相续相"。

㉛ **修学方便**：法藏《大乘起信论义记》卷下指"修唯识观，寻思方便"，即指修习观察思维一切万法都是唯识所变的一种方法（唯识观）和观察思维度脱众生所采取的一切方便手法（方便观）。

㉜ **净心地**：十地中的初地，亦名欢喜地。修习到此地，可以断除"法执"，达到"法无我"的体验。

㉝ **分别智相应染**：分别智，即指能分别世间、出世间诸法染净的智识。此指上述五意中的"智识"和六粗中的"智相"。

㉞ **具戒地**：十地中的第二地，亦名离垢地。因该地菩萨持戒精严，故名。

㉟ **无相方便地**：十地中的第七地，亦名远行地。通常修习到七地以前的菩萨，尽管可以进入禅观，断除法执，但出定以后，仍有对境界的微细分别，通称有相观，修习到七地，即使出定，也不再有境相分别，故名无相观，相对于第八地达到自然任运的无相观而言，此

地尚需借助一定方便的功用或条件，才能实现，所以名无相方便地。

⑯ **现色不相应染**：现色指由根本无明心动而妄现的境界之相，此相不与能见、所见相应，也没有其他心理因素相随，所以名不相应，此指上述五意中的"现识"与三细中的"境界相"。

⑰ **色自在地**：十地中的第八地，亦名不动地，因八地菩萨得三种世间自在，色性随心而无障碍，故名之。

⑱ **能见心不相应染**：能见心，即指由根本无明而转现成能见的认识能力。此种认识能力非由其他境界所生，故云不相应。此即指上述五意中的"转识"与三细中的"能见相"。

⑲ **心自在地**：十地中的第九地，亦名善慧地。此地菩萨于自心、他心均得自在，能获得四无碍智，又善知众生心行，故名之。

⑳ **根本业不相应染**：由根本无明不觉心动，说名为业，此业无善恶分别，亦无相应果报，故名不相应，此即指上述五意中的"业识"与三细中的"无明业相"。

㉑ **菩萨尽地**：十地中的第十地，亦名法云地。此地菩萨因"金刚喻定"现前，一切微细习气和心念都断尽，故名之。

㉒ **如来地**：亦称如来果地，即佛地。

㊸ **一法界**：指真如一法界大总相法门体。

㊹ **心念法异**：法藏《大乘起信论义记》卷下中有二释：一是把心释为心王，即认识主体，念法释为心所念法或心法，指伴随心王而发生的其他认识能力。故此，心念法异就是指认识主体与认识的各种认识功用的不同。二是释心为能缘心，念法为所缘法尘，亦即依认识主体而存在的境界对象。心念法异即指认识主体与认识对象的不同。

㊺ **知相缘相同**：知相，谓能知之心相；缘相，指所缘之境相。同，在此指二者统一，互不分离之义。

㊻ **即心不觉，常无别异**：心，指无明动心，亦即阿赖耶识。无别异，法藏《大乘起信论义记》卷下有二释：一是心王与心数无差别，即指最初的根本无明动心尚未分化出其他的认识活动，所以没有心王与心数的对立差别；二指心王与心所无差别，即指最初根本无明之心，尚未分化出主体与所缘之境的不同与差别。

主张阿赖耶识没有心王、心数之别及不与外境相应的思想，是《起信论》的创见，与其他诸论有所不同。

㊼ **根本智**：亦名真智、如理智等，指能契合了达真如之智，此智能生后得智，为后得智的根本，故名之。

㊽ **世间自然业智**：唐译世间业自在智。亦名后得智、如量智、俗智等。指证得真如根本智后，由于目睹

世间的痛苦无常，而慈悲救度众生的一种智慧。这种智慧在根本智之后，为根本智在世间的自然运用，故谓世间自然业智。

㊾ "静"，《石》本作"寂"。

㊿ **种种知**：此谓种种如实之知。另"知"，《金》本、《丽》本均作"智"。

译文

（3）生灭的内因与外缘

再次，所谓生灭的内因与外缘，是指一切生灭现象，都是依止众生之心、意、意识而生起的。这是什么意思呢？因为依止阿赖耶识，才说有无明的染法存在。由于无明的熏染，才生起"不觉"，从而具有能见、能现、能取境界的功能，并如此起念相续，念念不断，辗转相依相生，所以叫作意。

这个意又有五种不同的名称，有哪五种呢？

一曰业识。即指根本无明的力量，使不觉的妄心起动。

二曰转识。指依于妄心的起动，而产生出能认识境界的功能。

三曰现识。指依止于前"转识"的能见功用，产生出各种不同的境界。如同明镜能显现出种种色相，现识也是这样，它随顺色、声、香、味、触五种境界，同时即能显现出眼、耳、鼻、舌、身五识，没有前后。这是因为在任何时候，现识都是自然而起，不待任何造作，而且常常出现在诸法生起之前。

四曰智识。指能够思量、识别由现识所显现的一切染、净诸法。

五曰相续识。指能使所幻起的妄念，相续不断。它能把持住过去无数世所造的善恶之业，使其不失不灭；又能使过去所造善恶之因成熟现行，招致现在与未来的苦乐果报，丝毫不爽。它还能对已经过去的事，现在忽然起念；对未来未发生的事，不觉产生种种妄想。

所以，三界的一切都是虚妄不实的，只是由阿赖耶识所变现的，离开阿赖耶识，就不会有色、声、香、味、触、法六尘境界。这是什么意思呢？首先因为一切现象，都是心起妄念而辗转生起的，所以一切思量识别不过是自心对自心的自我认识。而自心是不能自己认识自己的，所以无有任何形相可得认识。由此可知，世间的一切境界，都是依止于众生根本无明的妄念之心，而得以存在和持续的。所以，一切现象，就如同镜中影像，没有自性的存在，只是一心虚妄的显现。因为心生，则种种现象也就随之而生；心灭，则种种现象也就随之而灭。

其次，所谓的意识，即指依止上述的相续识，由于凡夫对其深起执着，计度我与我所（我的所有）之物，产生种种虚妄的执着。并随顺攀缘，对色、声、香、味、触、法六境加以分别，这就叫作意识。又叫作分离识。又可叫作分别事识。这种意识，是依止于见烦恼（偏见）与爱烦恼（爱欲）而增长起来的。

依止根本无明熏习而起的业识，不是一般凡夫所能了知的，也不是声闻、缘觉二乘人的智慧所能觉知的。菩萨从十信位的初发心阶段即开始观察此识，如果证得法身菩萨，才能得到部分的了知，即使到了究竟地菩萨，也不能完全了知此识，只有佛才能完全明了。这是为什么呢？因为如来藏心从来就是自性清净，而又有无明生起，为无明所染污而产生染心。尽管无明生起染心，而如来藏心的心体却是湛然常净，永恒不变的。此义甚深，唯有佛才能了知。

由于如来藏的自性清净心湛然常寂，没有虚妄之念，所以称之为"不变"。因为染心不能了达真如本觉的本体自性，所以不能与真如本性相应，忽然生起妄念，这就叫作"无明"。

染心可分为六种，有哪六种呢？一是执相应染，即与执着相应的杂染。声闻、缘觉二乘人能解脱此染，信相应地菩萨能远离此染。

二是不断相应染，即与相续识相应的杂染。信相应地菩萨通过修习唯识观和寻思方便观，可以渐渐舍离此染，到净心地菩萨，能完全舍离此染。

三是分别智相应染，即与分别智相应的杂染，达到具戒地的菩萨能渐渐远离此染；到了无相方便地菩萨才能完全脱离此染。

四是现色不相应染，即单纯现色与主观认识尚未发生关系的色相境界，达到色自在地的菩萨能远离此染。

五是能见心不相应染，即与客观境界尚未发生关系的单纯的取境功能，到了心自在地的菩萨能远离此染。

六是根本业不相应染，即单纯的无明心动而尚无善恶内容与之相应的心理活动，达到菩萨尽地的菩萨修行圆满，进入如来境地能远离此染。

不能如实了解真如与生灭现象体性不二道理的人，从信相应地开始观察、修习、断惑，进入净心地以后，每进升一阶，就能远离一分业染，直到十地修行圆满，进入如来地，才能完全舍离一切业染。

上述六种染心中，所谓"相应"，是指心与心所虽有不同，它们在染或净的程度上也有区别，但形成的能知之心与所缘之境是相应一致的。

所谓"不相应"，是指无明动心就是阿赖耶识本心不觉之相，常无心与心所的对待和差别，认识的能知方面与其对象之间，尚未形成统一相应的关系。

所谓"染心"，又名为烦恼碍。这是因为它会障碍证悟真如的根本无分别智。

所谓"无明"，又名智碍。是因为它会障碍成就世间的后得无分别智。

这是什么意思呢？由于染心，产生出能认识对象的功能，能显示对象的功能和妄自摄取对象的认识功能，这与真如平等无差别的本性是相违背的。因为一切现象的本质是常静不动的，没有生起的相状。无明不能觉知法性本净之理，生起种种妄念，与真如本性相违背，所以不能获得顺应世间一切差别境界的各种如实之知。

原典

复次，分别生灭相①者有二种。云何为二？一者粗②，与心相应故；二者细③，与心不相应故。又粗中之粗④，凡夫⑤境界；粗中之细⑥，及细中之粗⑦，菩萨境界⑧；细中之细⑨，是佛境界。

此二种生灭，依于无明熏习而有，所谓依因、依缘⑩。依因者，不觉义故；依缘者，妄作境界义故。

若因灭，则缘灭⑪。因灭故，不相应心灭；缘灭故，相应心灭。

问曰：若心灭^⑫者，云何相续^⑬？若相续者，云何说究竟灭^⑭？

答曰：所言灭者，唯心相灭，非心体灭^⑮。如风依水而有动相。若水灭者，则风相断绝，无所依止。以水不灭，风相相续。唯风灭故，动相随灭，非是水灭。无明亦尔，依心体而动，若心体灭，则众生断绝，无所依止。以体不灭，心得相续，唯痴灭故，心相随灭，非心智^⑯灭。

注释

① **生灭相**：有生有灭的相状，此指上述六种染心。

② **粗**：指生灭之相粗显可见。与心相应，即指此生灭之相，有心境与心王相应，即有认识主体与对象的相应。此指六染心中的前三染心。

③ **细**：指生灭之相微细，恒流不绝，与心不相应，即是无心与心法，亦即内外、能所的对待差别。此指六染心中的后三染心。

④ **粗中之粗**：指六染心中的执相应染。法藏《大乘起信论义记》卷下云："前三染心，俱名为粗。于中初执相应染复更为粗故，云粗中之粗也。"

⑤ **凡夫**：指十住位以上的三贤位，未入圣位者。

⑥ **粗中之细**：指六染心中的第二"不断相应染"和第三"分别智相应染"。法藏《大乘起信论义记》卷下云："前三粗中，后二谓不断相应及分别智相应染，是粗心之中稍细，故云粗中之细也。"

⑦ **细中之粗**：指六染心中的第四"现色不相应染"和第五"能见心不相应染"。法藏《大乘起信论义记》卷下云："细中之粗者，后三染心俱名为细，于中前二，谓能见能现是也，同是不相应，故名为细。"

⑧ **菩萨境界**：此泛指十地以内菩萨所知的境界。

⑨ **细中之细**：指六染心中最后的"根本业不相应染"。法藏《大乘起信论义记》卷下云："细中之细者，谓根本业不相应染。能所未分，行相极细故。"

⑩ **依因、依缘**：依因，指以无明为因；依缘，指以妄境界为缘。此意谓依无明因，生三细不相应心；依境界缘，生三粗相应心。

⑪ **因灭、缘灭**：因灭，指根本无明断灭；缘灭，指无明所幻现的现识境界随之断灭。

⑫ **心灭**：此应指相应心灭。

⑬ **相续**：指不相应心相续不断。

⑭ **究竟灭**：指染心的完全断灭。法藏认为，这即指不相应心的断灭。

⑮ **唯心相灭，非心体灭**：心相，指染心的粗、细相状；心体，指粗、细染心的本体，即如来藏心。此句有二层含义，法藏《大乘起信论义记》卷下云："境界灭时，唯心粗相灭，非心自体灭；又以无明灭时，唯心细相灭，亦非心体灭。"

⑯ **心智**：指心的本觉智体。

译文

（4）生灭相类型

再次，生灭之相可以划分二种类型。哪两种呢？一是粗生灭相，它具有与心相应的性质；二是细生灭相，它不具有与心相应的性质。此二类生灭相又可细分为："粗中之粗"相，即与执相应的染心，这是凡夫的境界；"粗中之细"相，即不断相应、分别智相应，这两类染心与"细中之粗"相，即现色不相应、能见心不相应这两类染心，是初地以上菩萨所证悟的境界。至于"细中之细"相，即根本业不相应的染心，这是佛可证悟的境界。

这粗、细二类生灭相，都是由于根本无明熏习真如而产生的。即是所说的以无明为因，以妄境界为缘。所谓的"依因"，就是以无明熏习为因，生出三细不相应染心；所谓"依缘"，就是以妄境界为缘，生出三粗相应染心。

如果根本无明断灭，那么无明所幻现的现识境界的染缘也随之断灭。即是说，因为三细不相应心，依无明因而生，所以如果无明断灭时，不相应染心也随之断灭；因为三粗相应染心，依缘境界而生，所以境界染缘断灭时，相应染心也随之断灭。

有人问：如果相应染心断灭了，为什么不相应染心还能相续不断地存在呢？如果还有不相应心的存在，为什么又说染心可以完全断灭呢？

回答是：所谓断灭，只是说染心的动态形相断灭，并不是指如来藏心本体的断灭。犹如风必须依靠水，才能产生波浪的动相。如果水断灭了，那么，风的动相因为没有水为依靠，也就无法产生出波浪的动相。正是由于水不会断灭，所以风的波浪动相，才能够相续不断。当风断灭了，水波的动相就随之断灭，而并非水的本体断灭。无明也是这样，它依靠如来藏心的本体才显现出动相来，如果如来藏心的本体断灭，那么一切众生所依存的心、意、意识也将随之断灭，因为没有了依靠。正因为如来藏心的本体不会断灭，所以三细染心才得以相续不断。唯无明是会断灭的，一切粗细染心的相状才会随之断灭，但这并非心的本觉智体会断灭。

原典

复次，有四种法，熏习①义故，染法、净法起不断绝。云何为四？一者净法②，名为真如；二者一切染因，名为无明；三者妄心③，名为业识④；四者妄境界⑤，所谓六尘⑥。

熏习义者，如世间衣服，实无于⑦香，若人以香而熏习故，则有香气。此亦如是，真如净法，实无于染，但以无明而熏习故，则有染相⑧。无明染法，实无净业，但以真如而熏习故，则有净用⑨。

云何熏习起染法不断？所谓以依真如法⑩故，有于无明。以有无明染法因故，即熏习⑪真如。以熏习⑫故，则有妄心。以有妄心，即熏习无明。不了真如法故，不觉念起，现妄境界。以有妄境界染法缘故，即熏习妄心，令其念着⑬，造种种业，受于一切身心等苦。

此妄境界熏习义则⑭有二种。云何为二？一者增长念熏习⑮，二者增长取熏习⑯。

妄心熏习义⑰有二种。云何为二？一者业识根本熏习⑱，能受阿罗汉⑲、辟支佛⑳、一切菩萨生灭苦㉑故。二者增长分别事识㉒熏习，能受凡夫业系苦㉓故。

无明熏习义有二种。云何为二？一者根本熏习㉔，以能成就业识义故。二者所起见爱熏习㉕，以能成就分别事识义故。

云何熏习起净法不断？所谓以有真如法故，能熏习无明。以熏习因缘力故，则令妄心厌生死苦，乐求涅槃。以此妄心有厌求㉖因缘故，即熏习真如㉗，自信㉘己性，知心妄动，无前境界，修远离法㉙。以如实知无前境界故，种种方便，起随顺行㉚，不取不念㉛，乃至久远熏习力故，无明则灭。以无明灭故，心㉜无有起。以无起故，境界随灭。以因缘㉝俱灭故，心相皆尽，名得涅槃，成自然业㉞。

妄心熏习㉟义有二种。云何为二？一者分别事识熏习。依诸凡夫、二乘人等，厌生死苦，随力所能，以渐趣向无上道㊱故。二者意熏习㊲。谓诸菩萨发心勇猛，速趣涅槃故。

真如熏习㊳义有二种。云何为二？一者自体相熏习㊴，二者用熏习㊵。

自体相熏习者，从无始世来，具无漏法㊶，备有不思议业㊷，作境界之性㊸。依此二义，恒常熏习。以有力故，能令众生厌生死苦，乐求涅槃，自信己身有真如法，发心修行。

注释

①**熏习**：身、口、意所造业的善恶气氛，留于阿

赖耶识，叫作种子或习气，这种子与习气的作用叫熏习。唯识学多讲熏习之义。

②**净法**：清净之法，与染法相对。法藏《大乘起信论义记》卷下中解释净法有三种含义：（一）从法体上说，指其本来清净；（二）从体相上说，指此法能以内熏之力，返染成净；（三）从用上说，指能应机成净缘。

③**妄心**：虚妄分别之心，此处指上述六种染心。

④**业识**：有情生死流转的根本识，亦即阿赖耶识。此中也包括了"分别事识"。

⑤**妄境界**：由妄心幻现的虚妄境界，泛指一切世间的认识对象。

⑥**六尘**：指色、声、香、味、触、法六境。此六境像尘埃一样，能污染人的情识，故名之。

⑦**"于"**，《石》本作"有"。

⑧**染相**：真如受熏而显现的相状。

⑨**净用**：指生灭门中本觉真如熏习不觉，返流顺真的作用。

⑩**法**：此指法体。

⑪**熏习**：法藏《大乘起信论义记》卷下认为《起信》讲两种熏习义。一是习熏，即熏习体，成染净等，也就是对真如理体的直接熏习，如根本无明熏染真如；二是资熏，即现行心境及诸惑相资等，也就是各种染识

之间互相熏习，增其不足之处，如业识熏无明，妄心、妄增界之间互熏等。此处熏习，即是习熏义。

⑫ **熏习**：此处为资熏义。

⑬ **念着**：唐译本为差别执着。念即忆念不忘，着即执着，包括我、法二执。

⑭ "则"，《资》《碛》《普》《南》本均作"增"。

⑮ **增长念熏习**：唐译本为增长分别熏。指由虚妄境界熏染之力，不断增长意识中的智相与相续相的分别妄念。

⑯ **增长取熏习**：唐译本为增长执取熏。指由虚妄境界熏染之力，不断增长意识中的执取相和计名字相，产生出人、我、见、爱等烦恼。

⑰ "义"字下，《金》本有"则"字。

⑱ **业识根本熏习**：指业识能资熏根本无明，以产生转相、现相等。

⑲ **阿罗汉**：梵文 Arhat，亦译阿罗诃，略称罗汉。为小乘修习的最高果位。

⑳ **辟支佛**：梵文 Pratyekabuddha，亦译辟支迦佛陀、缘觉、独觉等，指不从他闻，自觉观悟十二因缘之理而得道者。

㉑ **生灭苦**：佛教把生死分为二类：一类为分段生死，指一般众生有寿命长短的生死；一类是变易生死，

指心识，主要是阿赖耶识的生灭变异。阿罗汉、辟支佛、菩萨，虽然无寿命限制，犹有赖耶变异之苦。

㉒ **分别事识**：意识，《起信》亦名"分离识"。此识为《楞伽经》所说三识之一，泛指阿赖耶识以外其他七识的总称。

㉓ **业系苦**：指由善恶之业而生起的分段生死之苦。

㉔ **根本熏习**：指根本无明熏动真如成业等诸识。

㉕ **见爱熏习**：见，梵文 Darśana，指错误的看法；爱，梵文 Trsna，指贪爱、爱欲等。此处分别指见、爱烦恼，亦即枝末无明。见爱熏习，指枝末无明熏习心体，成分别事识。

㉖ **厌求**：厌，谓厌离生死之苦；求，谓欣求涅槃之乐。

㉗ **熏习真如**：指由真如熏习后的妄心净用，返熏真如，法藏释为新熏。法藏《大乘起信论义记》卷下云："先明真如内熏无明，令成净业；后即此净用返熏真如，增势力。前即本熏，后即新熏。"

㉘ "信"，《金》本作"言"。

㉙ **远离法**：指通过修行寻思等观，唯识无尘等行，可以远离一切妄念，故名之。

㉚ **随顺行**：随顺，随从之义，此指随从真如的圆满行为。

③① **不取不念**：不取，即指远离心缘之相，无所执取；不念，即指离名字相与言说相。

③② **心**：此指妄心。

③③ **因缘**：因谓无明，缘谓妄境。

③④ **自然业**：唐译自在业。指不待造作、任运而为的诸佛才能成就的不可思议的业用。

③⑤ **妄心熏习**：指由真如熏习后的妄心净用反熏真如，即法藏所释的新熏。

③⑥ **无上道**：又称菩提道，佛教修行的最高境界。

③⑦ **意熏习**：这里指业识，通而论之，即上述五种意。

③⑧ **真如熏习**：指真如直接熏习无明。

③⑨ **自体相熏习**：唐译为体熏。体谓真如本体；相指真如无漏功德法相。此即指真如自身的体、相对无明的熏习。

④⓪ **用熏习**：用，指真如理体的业用。此指真如的业用对无明的熏习。

④① **无漏法**：一切能断除烦恼之法，名无漏法。此指真如本体具有的无漏功德。

④② **不思议业**：指此法冥熏众生，业用微妙，非思虑能了之义。

④③ **作境界之性**：法藏《大乘起信论义记》卷下曰："作境界之性者，明非直熏彼妄心，令其厌求，成

能观智，亦乃与其观智，作所观境界也。"即指通过能观之智，与所观之境，亦即真如理体所具有的，显现一切胜妙境界的体性，为熏习无明的方法。

译文

（5）净、染互熏义

再次，有四种"法"互起熏习作用的缘故，使杂染现象和清净现象经常生起而相续不断。哪四种呢？一是清净之法，名为真如；二是一切杂染法的内因，名为无明；三是虚妄分别之心，名为业识；四是虚妄境界，即指所谓的色、声、香、味、触、法六尘。

所谓熏习的意义，犹如世间的衣服，本来没有什么香气，如果人们以香不断熏之，就会留下香气。法的熏习也是如此，真如清净之法，本性是没有任何杂染的，只是由于无明熏习，则产生各种杂染的相状。无明的杂染之法，本来没有清净的善业，只是由于真如的不断内熏，会产生清净的作用。

为何因熏习而能生起染法而不断灭？如上所述，由于依真如法体，而有无明生起；又由于有无明的杂染作为内在原因，能不断熏习真如，从而产生出虚妄的分别心。因为有妄心，又反过来资熏无明。由于不了解真如法体本来清净的道理，不知不觉中有妄念生起，幻现出虚妄的境界。因为有虚妄境界这一杂染现象作为外缘，又能资熏妄心，使其起念执着，造出各种业（身心活动），从而遭受各种身心痛苦的果报。

关于妄境界资熏妄心的含义，则有二种。哪二种呢？一是增长念熏习，即由虚妄境界熏染之力，使妄心生起，念念执着心外有法，形成"分别法执"。二是增长取熏习，即是由虚妄境界熏染之力，使妄心生起，不断执取我及我所，形成"分别我执"。

关于虚妄分别心反过来资熏无明的含义，也有两种。哪两种呢？一是业识根本熏习，即由业识与妄心资熏无明，使其不能离念，从而产生转相、现相等；这种资熏，能使阿罗汉、辟支佛、一切菩萨仍依阿赖耶识而受变易生死之苦。二是增长分别事识熏习，即由分别事识资熏无明，产生见、爱等粗惑，造种种业；这种资熏，能使凡夫随业系缚，受分段生死的苦报。

至于无明熏习真如的含义，也有两种。哪两种呢？一是根本熏习，即由根本无明熏习真如，从而产生阿赖耶识等诸业识。二是所起见、爱熏习，即由虚妄境界所幻起的见、爱等枝末无明熏习真如，从而产生一般人分别事相的认识，即分别事识。

为何熏习能使净法生起而不断灭？这是因为真如法

性能熏习无明。真如熏习无明的因缘之力，能使虚妄之心，厌离生死之苦，欣求涅槃之乐。正因为此虚妄之心有厌离生死，欣求涅槃，它便可以返熏真如（以促成真如觉性的觉醒）。从而使之自信自我本有真如觉性，认识一切境界，都是妄心作用而生，没有实在的现前境界。修习寻思等观，唯识无尘等行，因为能真实了知没有实在的现前境界，采取种种方便的修习方法，发起顺从真如的圆满行为，远离一切心缘之相，无所执取，远离一切名字言说之相，使念不生。以至于通过长久真如熏习的力量，达到断灭无明的境界。因为无明已断灭，虚妄心念无从生起。因为虚妄之心不起，一切境界也随之而断灭。因为无明之因与妄境之缘同时断灭，一切心相也都断灭，这就叫证得涅槃，成就任运自然、不可思议的微妙作用。

虚妄之心返熏真如的含义有二种。哪两种呢？一是分别事识熏习（即意识返熏真如），这种熏习，靠凡夫与声闻、缘觉二乘人等，厌离生死之苦，随其力量所能，逐渐趋向无上的菩提妙道。二是意熏习（即五意的微细精神活动返熏真如），这种熏习，靠一切菩萨发菩提心，勇猛精进，迅速趋向涅槃。

真如熏习无明的含义也有二种。哪两种呢？一是自体相熏习，即真如本有的理体及其法相对无明的熏习。

二是用熏习，即真如理体的业用对无明的熏习。

所谓自体相熏习，是指一切众生，从无始以来，就具有真如本体的无漏功德法相，又具备不可思议的业用；能通过能观之智与所观之境，变现一切胜妙境界。依靠这二层含义，它可以恒常熏习无明，这种熏习十分有力，能使众生厌离生死之苦，欣求涅槃之乐，自信自己即具有真如觉性，从而发起信心，实践修行。

原典

问曰：若如是义者，一切众生悉有真如，等皆熏习^①。云何有信、无信，无量前后差别？皆应一时自知有真如法，勤修方便，等入涅槃。

答曰：真如本一^②，而有无量无边无明，从本已来，自性差别，厚薄^③不同故。过恒沙^④等上烦恼^⑤，依无明起差别。我见^⑥爱染烦恼，依无明起差别。如是一切烦恼，依于无明所起，前后无量差别，唯如来能知故。

又诸佛法，有因有缘。因缘具足，乃得成办。如木中火性，是火正因，若无人知，不假方便，能自烧木，无有是处。众生亦尔，虽有正因熏习之力，若不遇^⑦诸佛、菩萨、善知识等，以之为缘，能自断烦恼，入涅槃者，则无是处。若虽有外缘之力，而内净法未有熏习力⑧者，亦不能究竟厌生死苦，乐求涅槃。若因缘具足者，所谓自有熏习之力，又为诸佛、菩萨等慈悲愿护故，能起厌苦之心，信有涅槃，修习善根。以修善根成熟故⑨，则值诸佛、菩萨示教利喜，乃能进趣向涅槃道。

用熏习者，即是众生外缘之力。如是外缘有无量义，略说⑩二种。云何为二？一者差别缘⑪，二者平等缘⑫。

差别缘者，此人依于诸佛、菩萨等，从初发意始求道时，乃至得佛，于中若见若念⑬。或为眷属、父母、诸亲，或为给使⑭，或为知友，或为怨家，或起四摄⑮，乃至一切所作无量行缘⑯，以起大悲熏习之力，能令众生增长善根，若见、若闻得利益故。此缘有二种，云何为二？一者近缘⑰，速得度故。二者远缘⑱，久远得度故。是近远二缘，分别复有二种。云何为二？一者增长行缘⑲，二者受道缘⑳。

平等缘者，一切诸佛、菩萨，皆愿度脱一切众生，自然熏习，恒常不舍，以同体智力㉑故，随应见闻而现作业。所谓众生㉒依于三昧㉓，乃得平等见诸佛㉔故。

此体用熏习，分别复有二种。云何为二？

一者未相应。谓凡夫、二乘、初发意菩萨等，以意、意识㉕熏习，依信力故，而能㉖修行。未得无分别心，与体相应故；未得自在业^㉗修行，与用相应故。

二者已相应。谓法身菩萨^㉘，得无分别心，与诸佛智用相应。唯依法力，自然修行，熏习真如，灭无明故。

复次，染法从无始已来，熏习不断，乃至得佛后则有断。净法熏习，则无有断，尽于未来。此义云何？以真如法常熏习故，妄心则灭，法身显现，起用熏习，故无有断。

注释

① **等皆熏习**：指平等受熏习。

② **本一**：指真如本性平等如一，没有差别。

③ **厚薄**：指无明的厚薄。厚者，指不信佛法；薄者，指对佛法有一些信仰。

④ **过恒沙**：指数量之多，超过恒河沙数。"过恒沙"，《石》本作"过恒河沙"；《资》《碛》《普》《南》《径》《清》本均作"有过恒河沙"。

⑤ **上烦恼**：佛教把烦恼分为若干类，上烦恼，指所知障中的粗分。

⑥ **我见**：梵文 Satkāyadarśana，在诸烦恼中，属四住烦恼，指把五蕴假合而成的心、身，视为恒常实在的

错误观念。又谓我执。

⑦ "不遇"，《石》《丽》本作"不值遇"。

⑧ **内净法未有熏习力**：此不是指真如本觉缺少内熏之力，而是意指内熏力量不够。法藏《大乘起信论义记》卷下中云："虽本觉内熏，然未有力故。"

⑨ "故"，《资》《碛》《普》《南》《径》《清》本均无。

⑩ "说"，《石》本作"有"。

⑪ **差别缘**：各种不同的外缘。指从分别事识发心者，随着众生类别的不同而示现出不同的化身为之助缘。

⑫ **平等缘**：平等如一的外缘。指从业识发心者，会示现平等无二的法身为之助缘。

⑬ **若见若念**：见，谓见佛菩萨之化身；念，谓念佛菩萨之功德。

⑭ **给使**：仆使之义。

⑮ **四摄**：梵文 Catursangrahavastu，亦称四摄法、四摄事、四事摄法。即指佛菩萨摄化众生的手段有四件事：布施、爱语、利行、同事。

⑯ **行缘**：指菩提行缘。

⑰ **近缘**：指根机成熟众生，受佛摄化，容易成就，故名之。

⑱ **远缘**：指根机未熟之众生，未能直接受佛菩萨、善知识摄化，而是间接受益，不易即时成就，故名之。

⑲ **增长行缘**：唐译为增行缘。指增长众生对佛教的信仰，慈悲等善根的外缘。

⑳ **受道缘**：唐译为入道缘。指佛菩萨化身说法，使众生由行道而进一步证道的助缘。

㉑ **同体智力**：此义，法藏及其他诠释都过于简略，含混不清，可参看智旭的《大乘起信论裂网疏》相关注，意指众生与佛，体性不二，这种智慧能使人了知一切凡圣染净平等。

㉒ **众生**：此处指初地以上诸菩萨等。

㉓ **三昧**：梵文 Samādhi，又名三摩地，意译为禅定，指心专注一境而不散乱的精神状态。

㉔ **平等见诸佛**：悉见一切诸佛平等无别。

㉕ **意、意识**：意，指第七末那识，菩萨以此熏习真如；意识，指第六识，凡夫、二乘以此熏习真如。

㉖ "能"，《资》《碛》《普》《南》《径》本均无。

㉗ **自在业**：亦称自在业智、后得智，指证得本觉真如以后能够随心应化的业用能力。

㉘ **法身菩萨**：指登地以上的、亲证真如，以真如法为身的菩萨。

译文

人们问：照上述之意，一切众生都有真如法性，应该平等受到熏习，为什么说还有信佛与不信佛及信佛早与迟等前后不同的差别存在呢？按理应该在同一时间都了知自身内有真如法性，勤修各种方便法门，同时证入涅槃。

回答说：真如本性是平等一如，没有差别的。然而，由于有无量无边的无明，从开始以来，就有各种自性差别，或厚或薄，由于无明的不同，产生超过恒河沙数的烦恼；而"我见""我爱"等烦恼，也是依无明而生起的差别。这样，一切烦恼，都由无明所生起而有前后无量的差别，（这种复杂的现象）只有如来才能了知。

又一切佛法的成就，都有内因与外缘二方面，二者同时具备，才能成办道果。犹如木材具有火的属性，这是木材燃烧的"内因"。但如果没有人了解，不采用各种钻木取火的方法，说木材会自己燃烧起来，决不会有这样的事。众生也是如此，虽然他们具备成佛的内在熏习力量，如果没有遇见诸佛、菩萨以及善知识等，作为助发的外缘，说他们可以自断烦恼，证入涅槃，同样不会有这样的事。如果虽然有诸佛、菩萨与善知识助发的外缘力量，而自身本觉内熏的力量尚未成熟的话，也不能够完全厌离生死之苦，欣求涅槃之乐。如果内因与外缘同时具备，即所谓自身有本觉内熏的力量，同时又为诸佛、菩萨的慈悲愿力所护持，就会产生厌离生死苦恼的心愿，相信有涅槃之境界的存在，勤修各种善根。一旦善根修习成熟，就会遇到诸佛菩萨的开示、教诫，获得利益与大欢喜，从而能够精进地趋向涅槃之道。

所谓"真如"的业用熏习无明，即是指众生的外缘力量。这种外缘力量含义非常丰富，简略说有二种。哪两种呢？一是差别缘，二是平等缘。

所谓差别缘，是指众生依靠诸佛菩萨的慈悲护持，从开始发心求道起，直至证得真如佛性为止。在这一过程中，或见诸佛菩萨之身，或念诸佛菩萨之功德。诸佛菩萨或示现为眷属，或示现为父母诸亲，或示现为仆使，或示现为知友，或示现为怨家，或为摄化众生而现起"四摄"（即布施、爱语、利行、同事四事）乃至一切所作都可作为无量的修行助缘。通过这些，生起大悲熏习的力量，众生增长他们的善根，如同亲见亲闻佛菩萨摄化一样，获得大利益。这种差别缘又可分为两种。哪两种呢？一是近缘，指根机成熟众生能速证菩提；二是远缘，指根机未熟众生，需经长久的时间，才能证得菩提。这近、远二缘，分别又可分为二种。哪两种呢？一是增长行缘，指能增长善行的外缘。二是受道缘，指能证得果位的外缘。

所谓平等缘，即指诸佛、菩萨，誓愿度脱一切众生，自然地熏习摄化众生，恒常不断。因为有与众生相同的本觉真如，所以可从随应化现，表现出不可思议的业用。初地以上的菩萨，依靠三昧的禅定，就能平等无别地见到诸佛的法身与化身。

真如的"自体相熏习"与"用熏习"，分别又有两种。哪两种呢？

一是未相应，即未与真如的"体""用"相适应，乃指凡夫，声闻、缘觉二乘和初发心修行的初住菩萨等，分别以意与意识熏习真如，依靠坚定的信心力量，能够实地修行，尚未证得"无分别智"，还没有与本觉真如的"体""相"相应，没有获得随心应化的妙用，所以尚未与本觉真如的业用相应。

二是已相应，即已与本觉真如的"体""用"相应，乃指法身菩萨，证得无分别智，能够与诸佛的本觉之体和自在的业用相应。只要依靠本觉真如的力量，任运自然修行，即可熏习真如，断灭无明。

再次，污染之法，从无始以来，一直熏习不断，直到证得佛果之后，"无明"才会最后断灭。净法的熏习，则永远不会断灭，一直到未来遥远之世，仍不会断灭。这是什么意思呢？因为真如法的不断熏习，虚妄的无明

之心断灭；妄心断灭，则真如法身显现，生起不可思议
的无穷妙用，故净法熏习，永不断绝。

原典

复次，真如自体相者，一切凡夫、声闻、缘觉、菩
萨、诸佛，无有①增减，非前际生，非后际灭②，毕竟
常恒。

注释

①"有"字下，《金》本有"差别"。

② **非前际生，非后际灭**：比喻真如理体常恒不灭
的性质。前际，指前世、过去世；后际，指后世、未
来世。

译文

关于真如体相义

再次，对"真如"的本体与相状，作进一步说明。

真如体大：真如的本体，对于一切凡夫、声闻、缘
觉、菩萨和诸佛，都是平等一如，在圣不增，在凡不减

的。这一本体无始无终，既不是过去世所生起，又不是未来世所能变灭的，它毕竟常住，恒无断绝。

原典

从本已来，性自满足一切功德。所谓自①体有大智慧光明义故，遍照法界②义故，真实识知③义故，自性清净心义故，常乐我净④义故，清凉⑤不变自在义故，具足如是过于恒沙，不离、不断、不异⑥、不思议⑦佛法，乃至满足无有所少义故，名为如来藏，亦名如来法身⑧。

问曰：上说真如，其体平等，离一切相。云何复说，体有如是种种功德？

答曰：虽实有此诸功德义，而无差别之相，等同一味，唯一真如。此义云何？以无分别，离分别相，是故无二。

复以何义得说差别？以依业识生灭相示⑨。此云何示？以一切法，本来唯心⑩，实无于念⑪。而有妄心，不觉起念，见诸境界，故说无明。心性不⑫起，即是大智慧光明义故。

若心起见⑬，则有不见之相；心性离见，即是遍照法界义故。

若心有动，非真识知，无有自性⑭，非常非乐，非我非净，热恼⑮衰变，则不自在，乃至具有过恒沙等妄染之义。对此义故，心性无动，则有过恒沙等诸净功德相义示现；若心有起，更见前法⑯可念者，则有所少。如是净法无量功德，即是一心，更无所念，是故满足，名为法身、如来之藏。

注释

①"自"，《碛》本作"身"。

②**法界**：此处指理、事、理事无碍、事事无碍四法界。

③**真实识知**：唐译为如实了知。指能真实、正确地了知一切世间、出世间法的智慧。

④**常乐我净**：指涅槃的四种属性。常，谓永恒；乐，谓不为所苦；我，谓自在无缚；净，谓不为烦恼诸惑所染。此四德是《大般涅槃经》中所阐述的涅槃四德，《起信论》用以申述真如之理体，表明其受到《涅槃经》的影响。

⑤**清凉**：与热恼相对。形容真如理体，超脱烦恼的一种清净状态。

⑥**不离、不断、不异**：唐译为非同非异。这里指

真如之相与真如之体的不二关系。法藏《大乘起信论义记》卷下云："性德尘沙，不离真体，故云不离也；无始相续，故云不断也；……与体同味，故云不异。"此段义在申述相多（异）不一而唯有一体（一味，不二）的现象与本体的关系。

⑦ **不思议**：指上述理事无碍、性相融通、染净无二等，难以心量计较分别的境界。

⑧ **如来藏、如来法身**：均指如来本体，只是侧重面不同。法藏《大乘起信论义记》卷下释云："隐时能出生如来，名如来藏。显时为万德依止，名为法身。"

⑨ **以依业识生灭相示**：此义为，真如相属生灭门，乃是就生灭等而言真如的一种方便施设。真如理体绝名言，断思虑，言其相，乃是因指见月的"巧说"，不要理解为"直说"，真如不可直说。

⑩ **心**：此指如来藏清净心。即真如本体。

⑪ **无于念**：超念。这表明一切事物都是超越无明之念。无明之念是不真实的，因为它们为妄心、虚假分别而成。换言之，实在与妄念分别无关。

⑫ "不"，《金》本作"无"。

⑬ **见**：原指对事物的一种看法，在佛教中，常指一种错误的见解，此亦指虚妄之见。

⑭ **无有自性**：指一切妄念心相，皆无自体，体现

真如本觉一元论思想。

⑮ **热恼**：指无明烦恼产生的一种不安心态。

⑯ "法"字下，《金》本有"是"。

译文

真如相大：从一开始，真如本性就充满了一切无漏的功德。所谓的真如本体具有本觉之智的无限光明；能普遍地照耀四大法界无所不周；具有正确了知一切世间、出世间的智慧；其本性清净无染；具有常、乐、我、净四德；具有清凉不变、自在的本性。真如本体充满了上述这些德性，其数量之多，胜于恒河沙数。这些相状不离真如本体，恒常不断，与真如本体平等无二，这种只有佛才能了知的法，具有难以言状的胜妙境界，以至它能满足一切，无少欠缺，所以才叫作"如来藏"，或叫作"如来法身"。

有人问：上述真如本体，平等一如，远离一切言说差别之相，为什么又说真如本体有这各种各样的无漏功德呢？

回答说：尽管真如本体有上述各种不同的无漏功德，但（从体性上说）却没有任何差别之相，都是平等无二、如一法味，都以同一真如作为本体。这是什么意思呢？因为真如本体的本性是没有分别，远离一切虚妄差别的相状，所以叫作"无二"。

其所以又说它有种种不同的差别相状，是因为众生具有无明业识，才以生灭相状相示。它是如何显示的呢？因为一切法，从根源上说，都是由唯一真如心所变现的，本来没有其他心外之法可念。然而，因为有妄心，不觉生起虚妄分别之念，并幻现出各种虚妄境界，所以说这是"无明"。如果真如清净之心，不起妄念，就是本觉智慧的大光明。

如果清净之心幻起各种"妄见"，那么就一定还会有一些看不到的各种相状；如果清净之心远离各种妄见，就能普遍地照耀四大法界。

如果清净之心有动念，就不是真正了知的真智慧，就是妄染而没有自性。不具有常、乐、我、净四德，生起种种热恼与衰变，不能获得大自在，以至生起超过恒河沙数之多的虚妄污染。正是针对这一现象而言，说清净之心寂然不动，具有超过恒河沙数之多的清净功德之相表现出来；如果妄心生起，不断念着于心外之法，就会有所欠缺。净法所具有的无量功德，就是真如清净之心所显示的相状，没有一丝妄念，所以圆满具足，叫作"法身"或"如来之藏"。

原典

复次，真如用者。所谓诸佛如来，本在因地^①，发大慈悲，修诸波罗密^②，摄化众生。立大誓愿，尽欲度脱等众生界^③。亦不限劫^④数，尽于未来。以取一切众生如己身故，而亦不取众生相。此以何义？谓如实知一切众生及与己身，真如平等，无别异故。

以有如是大方便智^⑤，除灭无明，见本法身，自然而有不思议业种种之用。即与真如等^⑥，遍一切处，又亦无有用相可得。何以故？谓诸佛如来，唯是法身、智相之身。第一义谛^⑦，无有世谛^⑧境界，离于施作，但随众生见闻得^⑨益，故说为用。

此用有二种。云何为二？

一者依分别事识。凡夫、二乘心所见者，名为应身^⑩。以不知转识现故，见从外来，取色分齐^⑪，不能尽知故。

二者依于业识。谓诸菩萨从初发意乃至菩萨究竟地^⑫，心所见者，名为报身^⑬。身有无量色，色有无量相，相有无量好，所住依果^⑭亦有无量。种种庄严，随所示现，即无有边，不可穷尽，离分齐相。随其所应，常能住持，不毁不失。如是功德，皆同诸波罗密等无漏行熏，及不思议熏之所成就，具足无量乐相，故说为报身。

又为凡夫所见者，是其粗色。随于六道^⑮各见不同，种种异类，非受乐相，故说为应身。

复次，初发意菩萨等^⑯所见者，以深信真如法故，少分而见，知彼色相庄严等事，无来无去，离于分齐，唯依心现，不离真如。然此菩萨，犹自分别^⑰，以未入法身^⑱位故。若得净心^⑲，所见微妙，其用转胜，乃至菩萨地尽^⑳，见之究竟。若离业识，则无见相，以诸佛法身，无有彼此色相迭相见故。

问曰：若诸佛法身，离于色相者，云何能现色相？

答曰：即此法身，是色体故，能现于色。所谓从本已来，色心不二^㉑。以色性即智故，色体无形，说名智身。以智性即色^㉒故，说名法身，遍一切处。所现之色，无有分齐，随心能示十方世界。无量菩萨，无量报身，无量庄严。各各差别，皆无分齐，而不相妨^㉓。此非心识分别能知，以真如自在用义故。

注释

① **因地**：相对成佛之果位而言，指处于修习佛道的阶位。

② **波罗密**：梵文 pāramitā，又译波罗密多、度、到彼岸、度彼岸等，指从生死流转的此岸世界到达菩提涅

槃的彼岸世界的修习方法。佛教通常有六种波罗密，即布施、持戒、忍辱、精进、禅定、智慧，又称六度。

③ **等众生界**：指一切有众生的法界。

④ **劫**：梵文 Kalpa，又译大时，佛教中用以指示时间的概念。通常指非常长久的时间概念。

⑤ **方便智**：又称权智，相对实智而言，指权宜、方便之智。

⑥ **与真如等**：指真如种种业用，没有自性，以真如为体，故说与真如平等一如。

⑦ **第一义谛**：梵文 paramārtha-satya，又译真谛、胜义谛，指唯有诸佛菩萨等圣人才能掌握的真理。

⑧ **世谛**：梵文 vyavahāra-satya，又译俗谛，与第一义谛并称二谛。指为世间之人所认识的真理。

⑨ "得"字下，《金》本有"利"字。

⑩ **应身**：唐译本为化身。梵语 Nirmanakaya，又译为化身，佛三身之一。指佛为度脱六道众生而应机显现的不同身相。

⑪ **分齐**：唐译分限。分，指区分；齐，指定限。通指有确定的界限、范围之义。

⑫ **菩萨究竟地**：指菩萨修行十地中的最后一位。

⑬ **报身**：唐译受用身。梵文 Sambhogakaya，佛三身之一。指修习到高阶段而能受用的佛身，既包括佛自

身，又包括对八地菩萨相应显现的佛身。

⑭ **依果**：依报，指众生身心所依靠的身外诸物，包括世界、国土、衣食等。

⑮ **六道**：指众生因其业力而有生灭流转的六种境界，分别指地狱道、饿鬼道、畜生道、人道、阿修罗道、天道。

⑯ "等"，《金》本无。

⑰ **自分别**：指自己分别我与我心中所现的佛报身相，是一种比较微细的分别妄念。

⑱ 至此可见，《大乘起信论》以精致的真如本觉的业用理论，说明了大乘佛学的佛三身论。它把三身说与成佛的修习阶位结合起来，具体说，与人的认识或本觉的自我展开的阶段结合起来，构成独特的三身论或修养境界论。法身，在《起信论》中是指本觉真如完全展开的形式，既是认识的起点，也是认识自我实现的目的；化身（应身），则是本觉自我认识的初级阶段，或称分别事识即第六识的意识阶段，是为一般凡夫、二乘所观境界；报身，则是本觉自我认识的较高阶段，或称业识即第八识阶段，是为菩萨所观境界。人的修习阶段，也即是本觉的自我认识的不同阶段，也即是人的意识不断由粗向细、由无明向本觉的认识运动。

⑲ **净心**：指十地中的净心地（欢喜地）。

⑳ **菩萨地尽**：指十地的最后一地。

㉑ **色心不二**：色，指一切现象；心，指如来藏清净心，即真如本觉之体。不二，指现象与本体，用与体一如，都是以真如本觉为体。法藏《大乘起信论义记》卷下云："色心不二者，谓彼所现报化之色，不异法身真心。如波与水，本来无二。"色心不二是《起信论》中一个核心概念，《起信论》通过色心不二来论述体用不二（心即体，色即化、报二身之用），在上述体相关系的基础上，进一步讲体用关系，贯穿了体、相、用三者的"非一非异"的主题。

㉒ **色性即智、智性即色**：唐译本分别译为色本性即心自性、心本性即色自性。智，指本觉之智，为色之根本、本体。色，本觉之表象。色性即智，指一切现象业用的本性（本体）即是本觉，这是从业用上讲体用不二。智性即色，指本觉之体即以现象而表现其业用，从体上言体用不二。前者着重于用上显体，后者着重体上显用。

㉓ **皆无分齐，而不相妨**：指心所显示的十方世界中，有无数的菩萨、无数的报身，无数美妙的装饰，各各不同，但却没有区别和界限，也不互相妨碍。

译文

真如用大：所谓真如的业用，是指诸佛如来，还处在修习佛道的阶位时，就发大慈大悲之愿，修习各种"波罗密"，摄受教化众生。发大誓愿，誓欲度脱一切法界的众生，也不限时间之久长，竭尽于未来之世。因为（诸佛如来）视一切众生等同己身，而又不执取众生的形相。这是什么道理呢？关于能如实了知一切众生与自身，在本性上都是平等一如的真如理体，没有任何高低大小的区别。

因为有如此"大方便"的智慧，所以能够除灭"无明"，显现出本有的真如本体，自然任运地生起各种不可思议的业用。这种种不可思议的业用，即与真如本体平等一如，其作用遍满一切法界，而又没有作用的相状可得。为什么呢？这是说，诸佛如来，只是法身，本觉智慧之身，全依真谛理解而没有俗谛境界。远离一切人为施作，只是随顺众生的不同根器，应身说法，使之获得大利益，正是在这种意义上，才说这是真如的"业用"。

这种业用有二种。哪两种呢？

一是依分别事识（第六意识），凡夫、声闻与缘觉二乘所见的佛身，叫作"应身"。因为他们不了知此佛身是由转识变现而来的，认为佛身是从心外而来，从而执着此色相的应身，还有区分和定限，不能了知色即心，色心之间无有区分与定限的道理。

二是依止业识（又名根本识），诸菩萨从初发心的阶位一直到十地位，所能见到的佛身，叫作"报身"。这种报身具有无量的色身，这些色身具有无量的相状，这些相状具有无量的美好，所安住的世界、国土等，也不计其数。具有种种庄严的形相，随顺菩萨的不同阶位而示现，无边无际，不可穷尽。远离一切区分与定限之相，随应化现，常住不动，不毁不失。这样的业用功德，都是因为修习各种波罗密的无漏熏习，以及真如本觉不可思议的净熏之力而成就的。具足无量身心快乐的相状，所以叫作"报身"。

又为凡夫所见的佛身，是粗显的色相。根据六道众生的不同，所见的佛身也不相同。各种各样的佛身，不是出世身心快乐的相状，所以叫作"应身"。

再次，初发心菩萨等所见到的佛身，因为他们深信真如之法，所以能部分地见到佛身的无量色相，了知佛身的色相崇高庄严，无来无去，远离一切区分与定限，只是依一心真如随缘而现，以真如为理体。但是这些菩萨，仍然还存在着（我与报身）的分别对待的心念，这是尚未进入法身阶位的缘故。如果证得净心地，其所见佛身色相就非常微妙，其业用也随之不断地转为胜妙，到了证得十地时，就能见到佛身之究竟。如果远离业识的缠缚，则无有分别的相状可见。因为诸佛的"法身"，没有彼此对待与更叠的色相可见。

有人问：如果一切法身，远离有形的色相，为什么又说其能够显现各种色相呢？

回答说：因为这个法身，就是色相的本体，所以能显现各种色相。所以说，从本以来，色相与真心是一体不二的。因为一切色相的本体即是本觉之智，所以色相的本体无形无相，于是名之为本觉之身；因为本觉之体即以色相而显其业用，所以名之为"法身"。这个法身可以遍满一切法界，所显现的色相，没有区别与定限，可以随心显现出十方世界，其中有无量的菩萨，无量的"报身"、无量的庄严。虽然形态万端，各有差别，但却没有区别与定限，而是互相圆融，不相妨碍。这种境界，不是虚妄心识的观察分析可以了知的，因为这是"真如"自由自在的业用之故。

原典

复次，显示从生灭门即入真如门。所谓推求五阴①，色之与心②，六尘境界，毕竟无念。以心无形相，十方求之，终不可得。如人迷故，谓东为西，方实不转。众生亦尔，无明迷故，谓心为念，心实不动。若能观察，知心无念③，即得随顺入真如门故。

注释

①**五阴**：梵文 Pañcaskandha，又译五蕴、五众，分别指色蕴（物质现象界）与受蕴、想蕴、行蕴、识蕴等（精神现象界）。这是佛教指称构成一切物质与精神世界的五种要素。早期小乘佛教，认为人为五蕴和合而成，所以人本身虚妄不实，这就是我空之理，不过他们相信五蕴等元素是真实存在的。后来大乘佛教，进一步认为五蕴本身，也是虚妄不实的，由此进一步形成法空之理。《起信论》认为推求五蕴之理，即观察分析世俗的现象世界，也是入真如门的下手处。可见，《起信论》并不否认对现象作经验的分析，而是要以此为起步，超越它，达到无念的境界。

②**色、心**：色，这里指五阴中的色蕴，即物质世界；心，指受、想、行、识等四蕴，即精神世界。

③**无念**：在此指真如净心本无妄念，也可理解为超越经验的指向，表明有一种智慧的观察和体认，可以了知"心"本"无念"的境界。一旦"知心无念"，即

对主客对待的认知二元化的精神境界的超越，就可以随顺进入真如门。另"无念"，《金》本作"无起"。

译文

关于由"心生灭门"到"心真如门"

再次，显示如何由"心生灭门"即可进入"心真如门"，通过对色、受、想、行、识这五蕴的观察与分析，不外色法与心法，以及六尘境界，从根本上说，都是从心幻起，终究是没有可以念着的形相。因为"心"本来就没有任何形相，所以虽然十方求索，终不可得。犹如迷失方向的人，误认东方为西方，实际上，方向并无变化。众生也是这样，由于受到无明的迷惑，混淆真心与妄念，实际上真心本性并没有起动。如果能够仔细观察，了知真心本来没有任何妄念，就可以随顺这一智观而进入真如门。

原典

对治邪执者，一切邪执，皆依我见①，若离于我，则无邪执。是我见有二种。云何为二？一者人我见②；二者法我见③。

人我见者，依诸凡夫，说有五种。云何为五？

一者闻修多罗说，如来法身，毕竟寂寞，犹如虚空。以^④不知为破着故，即谓虚空是如来性。

云何对治？

明虚空相是其妄法，体无不实^⑤，以对色故有，是可见相^⑥，令心生灭。以一切色法，本来是心，实无外色。若无外色者，则无虚空之相^⑦。所谓一切境界，唯心妄起故有。若心离于妄动，则一切境界灭，唯一真心无所不遍。此谓如来广大性智究竟之义，非如虚空相故。

二者闻修多罗说，世间诸法，毕竟体空，乃至涅槃真如之法，亦毕竟空，从本已来自空，离一切相。以不知为破着故，即谓真如涅槃之性唯是其空。

云何对治？

明真如法身自体不空，具足无量性功德故。

三者闻修多罗说，如来之藏，无有增减，体备一切功德之法。以不解故，即谓如来之藏有色心法^⑧自相差别。

云何对治？

以唯依真如义说故。因生灭染义，示现说差别故。

四者闻修多罗说，一切世间生死染法，皆依如来藏而有，一切诸法，不离真如。以不解故，谓如来藏自体具有一切世间生死等法。

云何对治？

以如来藏从本已来，唯有过^⑨恒沙等诸净功德，不离不断，不异真如义故。以过恒沙等烦恼染法，唯是妄有，性自本无，从无始世来，未曾与如来藏相应故。若如来藏体有妄法，而使证会永息妄者，则无是处故。

五者闻修多罗说，依如来藏，故有生死；依如来藏，故得涅槃。以不解故，谓众生有始；以见始故，复谓如来所得涅槃有其终尽，还作众生。

云何对治？

以如来藏无前际故，无明之相，亦无有始。若说三界外更有众生始起者，即是外道经说；又如来藏无有后际，诸佛所得涅槃，与之相应，则无后际故。

注释

① **我见**：梵文 Satkāyadarśana，亦译身见，包括人我、法我两种，是指以"我"为真实存在的一种错误观念。

② **人我见**：亦称人我执、我执，指把由五蕴假合而成的人身，执为实有的一种观念。

③ **法我见**：亦称法我执、法执，指把现象世界的一切无常、无自性的事物，执着为恒常实有的一种观念。

④ "以"，《石》本作"以其"。

⑤ **体无不实**：依法藏解释："明此虚空是妄非真。"

即释此义为无自性、无实体。

⑥ **可见相**：指虚空相对于色法而有，但本身仍是可见相。

⑦ **若无外色者，则无虚空之相**：此明色、空乃相对待而有，均属生灭门中妄染而有。空有对待而有，本觉真如乃超越二者对待，非空非有，不可名言。此是对治顽空之病。另，"外"字，《金》本无。

⑧ "法"，《金》本作"性"。

⑨ "过"，《资》《碛》《普》《南》《径》《清》本均作"过于"。

译文

2 对治邪执

所谓"对治邪执"，是指有针对性地克服一切违反佛教教义的谬误见解，就是要知道，一切谬误见解都是依于"我见"而产生的。如果远离我见，就不会产生谬误见解。这种我见可以分为两种。哪两种呢？一是人我见，二是法我见。

关于"人我见"（凡夫之错误观念）

所谓"人我见"，就初学佛法的凡夫而言，共有五种。哪五种呢？

一是听佛经上说：如来的法身本体，毕竟寂灭清净，就像虚空一样。由于不了解（佛经这样说）是为了破除人们对"有"的执着，误以为"虚空"是如来的本性。

怎样纠正这种谬误见解呢？

应了知虚空之相也是虚妄之法，其体本无，并非实有，只是相对色法才说有此虚空，虚空也是可见之相，能使众生之心有生有灭。因为一切色法，本来就是一心之所显现，并不是实际有什么心外之相，如果没有"心外之色"，那么也就没有虚空的形相。所以说，一切境界，都是由于一心妄起分别而有的；如果心远离妄动，那么一切境界也随之而灭。只有一妙明真心的存在，遍满一切法界，这就是所说的"如来法身"，广大圆满的本觉性智，是究竟义，并不像虚空那样的形相。

二是听佛经说：世间上的一切现象，如梦幻泡影，没有自性，乃至涅槃与真如的法性，也是毕竟空无的，它们从来就是自性本空，远离一切色相。由于不了解这是为了破除以一切法为实有的执着，便误认为真如涅槃的法性乃是空无。

怎样克服这种谬误见解呢？

这就应当明了真如法身自体是不空的，它具足无边无量，清净无漏的功德。

三是听佛经中说：如来藏在圣不增，在凡不减，具足一切功德之法。可是不了解这是为了破除"恶取空"的执着而说的，就误以为如来藏本身即有色法与心法等种种自性差别的相状。

怎样纠正这种错误见解呢？

这就应当了知，说如来藏无增无减，是就真如体大这一意义而说的。又说它具足种种不同功德之法，是就心的生灭活动具有杂染，会示现种种差别相而说的。

四是听佛经中说：一切世间生死流转的污染之法，都是依"如来藏"而有，一切染净之法，都以真如为体。由于不了解佛经此说的真义，就误认为如来藏自身本体也具有一切世间生死流转等法。

怎样纠正这种错误呢？

这就应当知道，如来藏从本已来就具有超过恒河沙数的一切清净功德，这些清净功德与真如不离、不断、不异。因为超过恒河沙数等的烦恼污染之法，只是由于妄念而生起，没有自性，从无始已来不曾与如来藏相应过。如果说如来藏自体即有虚妄之法，而又说它能使对真如的证悟者永远消除虚妄，这就自相矛盾了。

五是听佛经上说：依止如来藏故有众生的生死流转的现象；依止如来藏故有诸佛的证得涅槃。由于不了解此说的真义，就误认为众生生死在时间上有一个开端。误以为众生的生死有其开端，则又认为如来所证得的涅槃也有其终尽之时，回转来再作众生。

怎样纠正这种错误见解呢？

应当明白，如来藏是没有开始的时间的，因此，依真如而起的无明也没有开始的时间。如果说三界之外会再有众生开始出生的话，那就是外道经典的说法。而且如来藏也没有结束的时间，所以诸佛所证得的涅槃，也与此相应，没有终了的时间。

原典

法我见者，依二乘钝根①故，如来但为说人无我。以说不究竟，见有五阴生灭之法，怖畏生死，妄取涅槃。

云何对治？

以五阴法，自性不生②，则无有灭，本来涅槃故。

复次，究竟离妄执者，当知染法、净法皆悉相待③，无有自相④可说。是故一切法，从本已来，非色、非心，非智、非识，非有、非无，毕竟不可说相。而有言说者，当知如来善巧方便，假以言说，引导众生。其旨趣者，皆为离念归于真如。以念一切法，令心生灭，不入实智故。

注释

① **钝根**：与利根相对，指根机迟钝的众生。

② **不生**：指五蕴等现象，虽是构成色、心二法的基本要素，而其自身也是妄念而成，没有自性。不生，是大乘佛教最为基本的思想之一，它以悖理的表达方式，表明超越在与非在的一种状态。不生，作为形容词时，意指没有生的，没有创造的等等；作为名词，则意指不生、不造等等。不生并不是与生相反的一个概念，而是属于一个更高的，超越在与非在、生与死、永恒与寂灭等的二元分化的境界，因此，它通常与非二（sūnyatā，advaya）、无自性（nih-svabhāva）等交互使用。

③ **相待**：指染与净互相为存在的条件。相待，是指现象界的一切存在的现象而言，本体则是绝待的。

④ **无有自相**：因染、净二相皆相待而有，无独自的形相，故说无自相。

译文

关于"法我见"（小乘所持之偏见）

所谓的"法我见"，是依据声闻、缘觉二乘根机迟钝的人，如来只是为他们宣说"人无我"的道理。因为此说，不是究竟的根本之义（而是方便的权教），所以（二乘之人）把五蕴、生死流转的现象视为实有，产生对生死的恐怖和畏惧，于是妄想得到没有生死流转的涅槃之法。

怎样克服这种谬见？

应该明了，五蕴的现象自身，没有自性的存在，所以本来不会有生；既然不生，也无所谓灭。它们本来就是涅槃。

其次，所谓最终完全远离一切虚妄执着（人我执与法我执），就应当明了一切染净之法，都是相互为条件而存在的，没有独立的自性可言。所以一切现象，从来既非色法，也非心法；既非圣智，也非凡识；既非实有，也非空无，终究是不可用语言来传达的。而所以有言说，应知这只是如来随机的善巧方法，假借言说以引导众生。其根本旨趣，都是为了使众生远离妄念，返归真如。因为念想一切现象，令心生灭不已，就不能悟入"真如"体中真实的智慧。

原典

分别 ① 发趣道相者，谓一切诸佛所证之道，一切菩萨发心修行趣向义故。略说发心有三种。云何为三？

一者信成就发心②，二者解行发心③，三者证发心④。

信成就发心者，依何等人，修何等行，得信成就，堪能发心？

所谓依不定聚众生⑤，有熏习⑥善根力故，信业果报，能起十善⑦，厌生死苦，欲求无上菩提。得值诸佛⑧，亲承供养，修行信心，经一万劫，信心成就故，诸佛菩萨，教令发心⑨。或以大悲故，能自发心⑩；或因正法欲灭，以护法因缘，能自发心。如是信心成就，得发心者，入正定聚⑪，毕竟不退。名住如来种中，正因⑫相应。

若有众生，善根微少，久远已来，烦恼深厚。虽值于佛，亦得供养，然起人天种子，或起二乘种子。设有求大乘者，根则不定，若进若退。或有供养诸佛，未经一万劫，于中遇缘亦有发心，所谓见佛色相而发其心，或因供养众僧而发其心，或因二乘之人教令发心，或学他发心。如是等发心，悉皆不定，遇恶因缘，或便退失，堕二乘地。

复次，信成就发心者，发何等心？略说有三种。

云何为三？

一者直心⑬，正念真如法故。

二者深心⑭，乐集一切诸善行故。

三者大悲心⑮，欲拔一切众生苦故。

问曰：上说法界一相，佛体无二，何故不唯念真如，复假求学诸善之行？

答曰：譬如大摩尼宝[16]，体性明净，而有矿秽之垢。若人虽念宝性，不以方便种种磨治，终无得净。如是众生真如之法，体性空净，而有无量烦恼染垢。若人虽念真如，不以方便种种熏修，亦无得净。以垢无量，遍一切法故。修一切善行，以为对治。若人修行一切善法，自然归顺真如法故。

略说方便有四种。

云何为四？

一者行根本方便[17]。谓观一切法，自性无生[18]，离于妄见，不住生死。观一切法因缘和合，业果不失。起于大悲，修诸福德[19]，摄化众生，不住涅槃，以随顺法性无住[20]故。

二者能止方便[21]。谓惭愧悔过，能止一切恶法不令增长，以随顺法性离诸过故。

三者发起善根增长方便[22]。谓勤供养礼拜三宝，赞叹随喜[23]，劝请诸佛。以爱敬三宝淳厚心故，信得增长，乃能志求无上之道。又因佛、法、僧力所护故，能消业障，善根不退，以随顺法性离痴障故。

四者大愿平等方便[24]。所谓发愿尽于未来，化度一切众生，使无有余，皆令究竟无余涅槃[25]。以随顺法性无断绝故。法性广大，遍一切众生，平等无二，不念彼此，究竟寂灭故。

菩萨发是心故，则得少分见于法身。以见法身故，随其愿力，能现八种利益众生。所谓从兜率天㉖退、入胎、住胎、出胎、出家、成道、转法轮、入于涅槃。然是菩萨，未名法身，以其过去无量世来有漏㉗之业，未能决断，随其所生，与微苦相应。亦非业系，以有大愿自在力故。

如修多罗㉘中，或说有退堕恶趣㉙者，非其实退。但为初学菩萨，未入正位而懈怠者恐怖，令彼㉚勇猛故。又是菩萨一发心后，远离怯弱，毕竟不畏堕二乘地。若闻无量无边阿僧祇㉛劫，勤苦难行，乃得涅槃，亦不怯弱。以信知一切法，从本已来，自涅槃故。

注释

① **分别**：即分别解释。

② **信成就发心**：指位处十信位的菩萨，修习信心，发决定心，进入十住初心，如此发菩提心，叫信成就发心。

③ **解行发心**：指位处十住、十行乃至十回向位的菩萨，能解“法宝”之理，能行十波罗密，解行纯熟，发回向心，进入十回向位，如此发菩提心，叫解行发心。

④ **证发心**：指位处初地以上，乃至十地，及等觉位，亲证真如之理，发自在之用，如此发菩提心，叫证发心。

⑤ **不定聚众生**：指十信位人，欲求大果而心未决，或进或退，名不定聚。

⑥ **熏习**：指本觉内熏之力。

⑦ **十善**：指不杀生、不偷盗、不邪淫（上属三身业），不妄语、不两舌、不恶口、不绮语（以上属四口业），不贪欲、不瞋恚、不邪见（以上属三意业）十种世间善业。

⑧ **得值诸佛**：指有缘遇到诸佛，闻听佛法。

⑨ **教令发心**：指佛、菩萨使之发十住初心。

⑩ **自发心**：自己发起自利利他的菩提之心。

⑪ **正定聚**：指菩萨十住以上，决定不退的众生。

⑫ **正因**：唐译为胜因。成佛证菩提之因。

⑬ **直心**：指正直而无谄曲之心。

⑭ **深心**：深广之心，此指广修一切善事，积累功德之心。直心与深心，皆指自利行本之心。

⑮ **大悲心**：广拔物苦，利他之心。

⑯ **大摩尼宝**：摩尼，梵文 Mani，亦译末尼，意为如意珠宝。

⑰ **行根本方便**：指观，依真如之理观一切法，是

入道的根本方法。

⑱ **自性无生**：指一切现象，其自性不生不灭。

⑲ **福德**：福，指福报；德，指善行。佛教认为福德和功德不同。福德系指三界以内的，有限的人、天福报；功德，则指超出三界轮回的大功德。

⑳ **无住**：梵文 apratistha，既不住生死，也不住涅槃。无住，意指自在、自然、不执着，这是一种生存方式，一种"空"在生活中的实践应用，既包括智，也包括情的方面。

㉑ **能止方便**：指止恶的方法。

㉒ **善根增长方便**：指发展、长养善根的方法。

㉓ **随喜**：随顺欢喜，见他人行善而生欢喜之心。

㉔ **大愿平等方便**：依大悲心，发平等愿的方法。

㉕ **无余涅槃**：与有余涅槃相对，指断除一切生死流转之因果，不再受生三界。

㉖ **兜率天**：指欲界诸天之一，此天内院为弥勒净土，外院为诸天欲乐之处。

㉗ **有漏**：梵文 Asrara，即烦恼异名。

㉘ **修多罗**：依法藏释，此处指《璎络本业经》。

㉙ **恶趣**：指众生造业所趋之所，通常有三恶趣（地狱、饿鬼、畜生）、四恶趣（于三恶趣加阿修罗），五恶趣（于三恶趣加人、天）。

㉚ "彼"，《金》本作"使"。

㉛ **阿僧祇**：梵文 Asaṅkhya，意译无数，佛教用以表示非常久的时间单位。

译文

3 发趣类型

所谓发心修行，趋向佛道，是指一切菩萨发心修行所趋的乃是一切诸佛所证悟的菩提之道，简略而言，发心可分为三种。哪三种呢？一是信成就发心，二是解行发心，三是证发心。

关于"信成就发心"

所谓"信成就发心"，依什么人，修什么行，才能确信有成而发菩提之心呢？

这是指依不定聚众生，因为这类众生具有本觉内熏善根之力，相信善有善报，恶有恶报，能生起十种善业，厌离生死之苦，欣求无上菩提之道。如果有缘遇见诸佛，闻听佛法，亲自承办一切事情，并以种种财物加以供养，修行十种信心。那么经过一万劫，信心得以成就圆满，由此，诸佛菩萨教使他们发十位初心，或者他们以大慈大悲之心，能够自己发起自利、利他的菩提心；或者因为如来正法将行断灭，以护持佛法的因缘，发起菩提之心。像这样信成就圆满，能够发十住初心的众生，就进入正定聚，永远不会退失到凡夫、二乘之位，这就名为"住如来种中"，与成佛之正因相应。

如果有的众生，善根之力微少，长久以来，烦恼深重。尽管也有缘遇到诸佛，并以财物供养，但他们只生起人天福报的种子，或生起声闻、缘觉二乘的种子。即使想求大乘果报，因其信仰的根性尚不坚定，或进或退。有的众生，以财物供养诸佛，未经一万劫的时间，其中遇有一定的机缘，也会发菩提之心；这是指那些或因见到佛的色相庄严而发菩提之心，或因供养众僧而发菩提之心，或因二乘之人教诲而发菩提之心，或见他人发心而学着发菩提之心。这样种种发心，都不坚定，倘若遇到不良等恶劣因缘，就会或退失道心，或退堕到二乘的地位。

再次，信成就发心，是发什么心呢？简单地说有三种。

哪三种呢？

一是直心，即直接契入真如之法。

二是深心，即乐于积累一切善行。

三是大悲心，即力图拔除一切众生苦难。

有人问：前面说一切现象都具同样的真如本体，无二无别，为什么不只以"直心"去正念真如，而还要发深广之心，去学习一切善行呢？

回答说：这好比大如意珠宝，其体性光明清净，却有污秽之垢染。如果人们虽然只是念其体性光明清净，而不以种种方法加以擦拭，终究不能获得本有的清净。同样，众生虽然都具真如之体，其本性空寂清净，但有无量的烦恼染垢。如果人们只是念其真如之性，而不以各种方法净熏修习，也不能获得固有的清净；因为烦恼的染垢无量无边，遍及一切现象，所以才要修习一切善法，用以对治。如果众生修习一切善法，自然就会归顺真如本性。

简单地说，修习的方法有四种。

哪四种呢？

一是行根本方便（不住行），是指观察一切现象，其自性无有生灭，由此远离一切虚妄之见，就不会陷于生死流转之中。观察一切现象，都是因缘和会而成，业因果报，丝毫不爽，于是起大悲心，修习一切福报善行，摄化众生，不住留涅槃之境，为了随顺真如法性而无所住留。

二是能止方便（勤断二恶方法），是指能生起惭愧悔过之心，制止一切邪恶之法不使增长，为了随顺真如法性而远离一切诸恶过失。

三是发起善根增长方便（勤修二善方法），是指勤供养佛、法、僧三宝，赞叹其功德，随顺生欢喜之心，劝请诸佛常住于世。因为敬爱三宝之心淳净深厚，所以信根会得到增长，以至能发愿上求菩提无上道。又因得佛、法、僧三宝之力护持，能消除业障，使善根不会退失。为了随顺真如法性而远离一切无明障碍。

四是大愿平等方便（发大悲、平等之心的方法），是指发平等悲愿，直到未来之世，摄化度脱一切众生无一遗漏，使他们都能证入最究竟的无余涅槃，为了随顺真如法性从不间断，而真如法性广大无边，遍及一切众生，平等无二，不分彼此，从而达到究竟寂灭的最高境界。

菩萨发以上三种心（指直心、深心、大悲心），就能证得一部分如来法身。由于证得法身，能随其大悲愿力，示现八种利益众生的相状。即所谓从兜率天退、入胎、住胎、出胎、出家、成道、转法轮、入于涅槃。但是这样的菩萨，还不能称之为真如法身，因为他们过去无量世以来，烦恼的业障，未能完全断灭。所以随其所生，还有微细的痛苦相伴应。但也不会被业力所系缚，因为他们有大悲大愿和自在解脱的力量。

如佛经中说，有的（菩萨）会退堕到地狱、饿鬼、畜生等恶道中，这并不是真实的退堕，只是为了使初学菩萨道尚未进入正位而产生懈怠之情的人产生恐惧之心，引以为戒，使其勇猛精进。而且这种菩萨，一旦发心，就会远离怯弱之情，毕竟不再畏惧退堕到二乘境界。即使听到要经过无量无数劫的勤苦修行，才能证得涅槃，也不会起怯懦之心，因为他们有坚定的信念，知道一切现象从本已来都是以涅槃为实性的。

原典

解行发心者，当知转胜，以是菩萨从初正信①已来，于第一阿僧祇劫②将欲满故。于真如法中，深解现前，所修离相。

以知法性体无悭贪③故，随顺修行檀波罗密④。以知法性无染，离五欲⑤过故，随顺修行尸波罗密⑥。以知法性无苦离瞋恼故，随顺修行羼提波罗密⑦。以知法性无身心相，离懈怠故，随顺修行毗黎耶波罗密⑧。以知法性常定，体无乱故，随顺修行禅波罗密⑨。以知法性⑩体明，离无明故，随顺修行般若波罗密⑪。

注释

① **初正信**：指由十住的初发心住所成就的信仰。

② **第一阿僧祇劫**：菩萨修行成佛，要经过三大阿僧祇劫的漫长时间，从十住的初发心位到十地之前，为第一阿僧祇劫。

③ **悭贪**：悭，吝啬之义；贪，指贪欲。二者概指佛教三毒中的贪毒。

④ **檀波罗密**：六波罗密之一，意为施度，即行法、财等施。

⑤ **五欲**：对色、声、香、味、触而生的情欲。

⑥ **尸波罗密**：六波罗密之一，意为戒度，即持戒之行。

⑦ **羼提波罗密**：六波罗密之一，意为忍辱度，即忍辱之行。

⑧ **毗黎耶波罗密**：六波罗密之一，意为精进度，即精进不懈之行。

⑨ **禅波罗密**：六波罗密之一，意为定度，即禅定之行。

⑩ "性"，《金》本作"生"。

⑪ **般若波罗密**：六波罗密之一，意为智度，即智慧行。

译文

关于"解行发心"

所谓的"解行发心",当知比前一种发心更为胜妙。因为这些菩萨,从开始发心信仰大乘正法以来,于第一阿僧祇劫将要行满之时,对于真如之法的法性,已有深入了知如在现前,所修之行也远离一切法的相状。

由于了知真如法性没有悭贪之义,所以随顺修习"施度"。由于了知真如法性没有污染,远离五欲之扰,所以随顺修习"戒度"。由于了知真如法性没有苦恼,远离瞋愤之心,所以随顺修习"忍度"。由于了知真如法性没有身心之相,远离懈怠之情,所以随顺修习"精进度"。由于了知真如法性常定不动,本体无有散乱,所以随顺修习"禅度"。由于了知真如法性清净光明,远离无明妄念,所以随顺修习"智度"。

原典

证发心者,从净心地①,乃至菩萨究竟地②。证何境界?所谓真如,以依转识说为境界。而此证者无有境界,唯真如智③,名为法身。

是菩萨于一念顷,能至十方无余世界,供养诸佛,请转法轮。唯为开导利益众生，不依文字④。或示超地速成正觉，以为怯弱众生故；或说我于无量阿僧祇劫当成佛道，以为懈慢众生故。能示如是无数方便，不可思议，而实菩萨种性根等，发心则等，所证亦等，无有超过之法，以一切菩萨皆经三阿僧祇劫故。但随众生世界不同，所见、所闻、根、欲性异，故示所行，亦有差别。

又是菩萨发心相者，有三种心微细之相。

云何为三？

一者真心⑤，无分别故。

二者方便心⑥，自然遍行，利益⑦众生故。

三者业识心⑧，微细起灭故。

又是菩萨功德成满，于色究竟处⑨，示一切世间最高大身。谓以一念相应慧⑩，无明顿尽，名一切种智⑪。自然而有不思议业，能现十方利益众生。

问曰：虚空无边故，世界无边；世界无边故，众生无边；众生无边故，心行差别亦复无边，如是境界，不可分齐，难知难解。若无明断，无有心想，云何能了名一切种智？

答曰：一切境界，本来一心，离于想念。以众生妄见境界，故心有分齐。以妄起想念，不称法性，故不能决⑫了。诸佛如来，离于见想，无所不遍。心真实故，即是诸法⑬之性。自体显照一切妄法。有大智用无量方便，随诸众生⑭所应得解，皆能开示种种法义，是故得名一切种智。

又问：若诸佛有自然业⑮，能现一切处，利益众生者，一切众生，若见其身，若睹神变，若闻其说，无不得利，云何世间多不能见？

答曰：诸佛如来，法身平等，遍一切处，无有作意故，而说自然。但依众生心现，众生心者，犹如于镜。镜若有垢，色像不现。如是众生，心若有垢，法身不现故。

注释

① **净心地**：十地中的第一地，又名欢喜地。

② **究竟地**：十地中的第十地，又名法云地。

③ **真如智**：指无分别智。

④ **不依文字**：唐译不求听受美妙音词。此义在精神上与禅宗主张不立文字，以心传心十分相近。在这里，是指不依靠对经典的文字诠释，而是根据众生的不同根机而分别开示，以达到帮助他们趋向涅槃的目的。

⑤ **真心**：真实无妄之心。

⑥ **方便心**：用种种方法，救度众生之心。

⑦ "益"，《金》本无。

⑧ **业识心**：流转生死的根本之心。

⑨ **色究竟处**：指色究竟天，即色界四禅八天的最后一天，是诸佛成道之处。

⑩ **一念相应慧**：指一念之间，始觉与本觉相契会，这是一种最后的顿悟成佛的智慧。

⑪ **一切种智**：亦称佛智，指了知一切世间、出世间之法的智慧。

⑫ "决"，《金》本作"明"。

⑬ "法"，《金》本作"佛"。

⑭ "众生"，《资》《碛》《普》《南》《径》《清》本均作"众生性"。

⑮ **自然业**：指无心造作，任运自然而有不思议业用。

译文

关于"证发心"

所谓的"证发心"，是指从初地（净心地）到十地（究竟地）的菩萨，究竟证得何种境界。所谓真如，这是基于转识成智才说真如是证得的境界。实际上证悟真如是毕竟无有境界可得的，只有真如的无分别智，故名之为"法身"。

这类菩萨，于一念瞬间，可以到无数的十方世界，去供养诸佛，恭敬诸佛请转法轮。只是为了开示，引导众生趋向真如正觉，而使他们不依赖于语言文字的理解。或者显示直超修行的中间阶位，迅速证成正觉，这是为那些畏惧佛道难行而生怯弱之心的众生而作的；或者宣说自己经过无量阿僧祇劫的勤苦修行，才能成办佛道，这是为了那些对修行佛道有懈怠与骄慢心的众生而作的。能示现如此无数的方便之法，真是不可思议。而实际上，这类菩萨的本性、根机都是平等不二的，所以他们的发心与证悟所得都无差别，没有彼此超过的现象。因为一切菩萨，都要经过三阿僧祇劫的修习。只是为了随顺众生境界的不同，众生所见、所闻、根器、乐欲等不同，才示现不同方法的种种差别。

又这类菩萨证发心的形相，有三种微细不同的表现。

哪三种呢？

一是真心，指没有分别的根本之智。

二是方便心，指能自然任运，遍行一切处，利益众生的后得之智。

三是业识心，指具有微细生灭的阿赖耶识。

又这类菩萨功德圆满，在色究竟处能示现一切世间最高大的身体，于一念瞬间即可与本觉证会，所有无明顿然消尽，这叫作一切种智。由此自然而有不可思议的业用，能遍现于十方世界，利益众生。

有人问：由于虚空无边，所以世界也无边；由于世界无边，所以众生也无边；由于众生无边，所以众生的心、行差别也无边。像这样各种不同的境界，不可分别与定限，难以了知与理解。如果一切无明消尽，没有心的各种妄念，怎么能了知一切境界，并叫它为一切种智呢？

回答说：一切境界，本来就是真如一心所变现，而这一心是远离一切念想。由于众生虚妄之念才显现境界，使心产生分别与定限。由于虚妄地生起各种念想，与真如法性不相称，所以对种种法不能有决定的了知。诸佛如来，远离一切见想，所知无所不遍。因其心真实无妄，就是一切法的本性。从自身的体性上能够显照一切虚妄之法，并有大智妙用与无数的方便之法，随顺众生不同水平所应得的理解，应机开示种种法义，使之悟解，故得名为"一切种智"。

又有人问：如果诸佛具有自然任运的不可思议业用，能够无所不在，利益众生。那么一切众生如果见到佛身，看到佛的种种神通变化，听到佛的种种方便说法，无不大获利益。为什么世间大多数人都不能见到呢？

回答说：诸佛如来，法身平等一如，无所不在，没有心识活动，所以说其具有自然不可思议的业用。但这种业用都是依照众生的心而示现的。众生的心，就如镜子。镜子如果有污垢，色像就不能显现。众生也是如此，如果心有垢染，佛的法身也不会示现。

修行与信心

原典

已说解释分，次说修行信心分。是中依未入正定众生 ①，故说修行信心。

何等信心？云何修行？

略说信心有四种。云何为四？

一者信根本 ②，所谓乐念真如法故。

二者信佛有无量功德，常念亲近，供养恭敬，发起善根，愿求一切智 ③ 故。

三者信法有大利益，常念修行诸波罗密故。

四者信僧能正修行自利利他，常乐亲近诸菩萨众，求学如实行故。

注释

① **未入正定众生**：法藏疏本作未入正定聚众生。《资》《碛》《普》《南》《径》《清》等本亦有"聚"字。

② **信根本**：信仰真如，法藏《大乘起信论义记》卷下云："信根本者，真如之法，诸佛所师，众行之源，故云根本。"

③ **一切智**：指根本无分别智。

译文

以上已经阐述了义理解释部分，其次，再说修行与树立信心部分。这里依据未进入正定聚的众生，所以才说修行与信心。

1 信心四种

指哪些信心，怎样修行呢？

大略说来，信心有四种，哪四种呢？

一是信根本，即所谓乐于信念真如之法。

二是信佛有无量功德，即经常想念亲近佛，供养佛，恭敬佛，生发信仰的善根，愿求成佛的最高智慧。

三是信法有大利益，即时常想到修行各种波罗密法。

四是信僧能正修行自利利他，即时常乐于亲近诸菩萨众（此指修大乘法的僧众），求学如实修习自利利他的菩萨行。

原典

修行有五门，能成此信。云何为五？一者施门，二者戒门，三者忍门，四者进①门，五者止观门②。

云何修行施门？

若见一切来求索者，所有财物随力施与。以自舍悭、贪，令彼欢喜。若见厄难、恐怖危逼，随己堪任，施与无畏。若有众生来求法者，随己能解，方便为说。不应贪求名利恭敬，唯念自利利他，回向菩提故。

云何修行戒门？

所谓不杀、不盗、不淫、不两舌③、不恶口④、不妄言、不绮语⑤，远离贪、嫉、欺诈、谄曲⑥、瞋恚、邪见⑦。若出家者，为折伏烦恼故，亦应远离愦闹，常处寂静，修习少欲、知足、头陀等行⑧。乃至小罪，心生怖畏，惭愧改悔，不得轻于如来所制禁戒，当护讥嫌，不令众生妄起过罪故。

云何修行忍门？

所谓应忍他人之恼，心不怀报，亦当忍于利、衰、毁、誉、称、讥、苦、乐等法故。

云何修行进门^⑨？

所谓于诸善事，心不懈退，立志坚强，远离怯弱。当念过去久远已来，虚受一切身心大苦，无有利益。是故应勤修诸功德，自利利他，速离众苦。复次，若人虽^⑩修行信心，以从先世^⑪来，多有重罪恶业障故，为邪魔诸鬼之所恼乱；或为世间事务种种牵缠；或为病苦所恼。有如是等众多障碍，是故应当勇猛精勤，昼夜六时^⑫，礼拜诸佛，诚心忏悔，劝请随喜，回向菩提，常不休废，得免诸障，善根增长故。

注释

① "进"，《石》本作"精进"。

② **止观门**：《起信论》将六度的后两度禅定与智慧合为止观门，是其特色。

③ **不两舌**：摄律仪戒之一，即不搬弄是非，使人们之间互相争斗。

④ **不恶口**：摄律仪戒之一，即不以恶言恶语诅骂他人。

⑤ **不绮语**：摄律仪戒之一，即不说花言巧语。

⑥ **谄曲**：简称谄，指矫揉造作，掩饰自己过错的思想与活动。

⑦ **邪见**：悉指五种错误的见解，即我见、边见、邪见、见取见、戒禁取见。

⑧ **头陀等行**：梵文 Dhūta，意为抖擞，指除去尘垢、烦恼的一种佛教苦行。

⑨ "进门"，《金》本作"精进门"。

⑩ "虽"，《石》本作"虽复"。

⑪ "世"字下，《石》《资》《碛》《普》《径》《南》《清》本均有"已"。

⑫ **昼夜六时**：昼夜各分三个时间段。即昼时的晨、中、暮；夜时的初、中、后。

译文

2 修行五门

修行大乘佛法有五种方法，可以成就上述的四信。哪五种呢？一是施门（布施法），二是戒门（戒律法），三是忍门（忍辱法），四是进门（精进法），五是止观门（止观法）。

怎样修行布施法呢？

如果见到一切来向自己求取财物的人，应根据自己的能力，尽力予以布施，以便舍弃自己悭贪之心，令他人欢喜。如果见到他人为厄难、恐怖所逼迫，应尽自己所能，令其无畏。如果有的众生来求佛法，应根据自己的理解，尽量以方便巧说加以解释。不应该贪求世间的名利与受人的恭维，只求自利利他，并将自己所修的功德回向菩提之道。

怎样修行戒律法？

所谓不杀、不盗、不淫、不两舌、不恶口、不妄言、不绮语，远离一切贪欲、嫉妒、欺诈、虚伪、愤怒与邪见。如果出家修行的人，为了折伏烦恼，还应远离烦嚣之地，常住寂静之处，修习少欲、知足、头陀等苦行。即使犯有微小的过失，也要心生畏惧，惭愧改悔，不能轻视如来所制定的戒律。应当维护佛教的声誉，不使众生妄作讥嫌而生起罪过。

怎样修习忍辱法？

所谓应该忍受他人相加于自己的种种恼害，不怀报复之心。也应当对于利、衰、毁、誉、称、讥、苦、乐等，淡然处之，不动于心。

怎样修习精进法？

所谓对于一切向善之事，不生懈怠退堕之情，立志坚定，远离一切怯弱之心。应当想到，自己从过去长久的时间以来，一直虚受一切身心大苦，没有得到任何利益。所以应该勤奋修习一切功德，自利利他之行，远离一切苦恼。再次，若有的人虽然修习信心，由于其前世，有众多的罪恶业障，为邪魔诸鬼所恼乱；或为世间种种事务所缠缚；或为病痛所恼苦。有这样众多的业障，所以应当勇猛精进，昼夜六时，礼拜诸佛，诚心忏悔自己的过失，劝请诸佛常住世间，随之生欢喜之心，以自己的功德回向菩提之道，时常如此，没有中断。这样就可以免除一切业障，使善根不断增长。

原典

云何修行止观门？

所言止者，谓止一切境界相，随顺奢摩他^①观义故。所言观者，谓分别因缘生灭^②相，随顺毗钵舍那^③观义故。

云何随顺？

以此二义，渐渐修习，不相舍离，双现前故。

若修止者，住于静处，端坐正意^④，不依气息^⑤，不依形色^⑥，不依于空^⑦，不依地、水、火、风^⑧，乃至不依见、闻、觉、知^⑨。一切诸想，随念皆除，亦遣除想。以一切法，本来无相^⑩，念念不生，念念不灭。

亦不得随心外念境界，后以心除心。心若驰散，即当摄来，住于正念。是正念者，当知唯心，无外境界。即复此心，亦无自相，念念不可得。⑪

若从坐起，去来进止，有所施作。于一切时，常念方便，随顺观察。久习淳熟，其心得住。以心住故，渐渐猛利，随顺得入真如三昧⑫。深伏烦恼，信心增长，速成不退。唯除疑惑⑬、不信⑭、诽谤⑮、重罪业障⑯、我慢⑰、懈怠⑱，如是等人所不能入。

复次，依⑲是三昧故，则知法界一相。谓一切诸佛法身，与众生身平等无二，即名一行三昧⑳。当知真如是三昧根本，若人修行，渐渐能生无量三昧。

或有众生，无善根力，则为诸魔、外道、鬼神之所惑乱。若于坐中，现形恐怖，或现端正男女等相，当念唯心，境界则灭，终不为恼；或天像、菩萨像，亦作如来像，相好具足；或㉑说陀罗尼㉒；或㉓说布施、持戒、忍辱、精进、禅定、智慧；或说平等、空、无相、无愿㉔、无怨、无亲、无因、无果，毕竟空寂，是真涅槃；或令人知宿命过去之事㉕，亦知未来之事㉖，得他心智㉗，辩才无碍，能令众生贪着世间名利之事；又令使人数瞋数喜，性无常准；或多慈爱，多睡多病，其心懈怠；或卒起精进，后便休㉘废；生于不信，多疑多虑；或舍本胜行，更修杂业。若着世事种种牵缠，亦能使人得诸三昧，少分相似，皆是外道所得，非真三昧；或复令人若一日、若二日、若三日，乃至七日，住于定中，得自然香美饮食，身心适悦，不饥不渴，使人爱着；若亦令人食无分齐，乍多乍少，颜色变异。以是^㉙义故，行者常应智慧观察，勿令此心堕于邪网。当勤正念，不取不着，则能远离是诸业障。

应知外道所有三昧，皆不离见、爱、我慢之心，贪着世间名利恭敬故。真如三昧者，不住见相，不住得相。乃至出定，亦无懈慢，所有烦恼，渐渐微薄。若诸凡夫不习此三昧法，得入如来种性，无有是处。以修世间诸禅^㉚三昧，多起味着，依于我见，系属三界，与外道共。若离善知识所护，则起外道见故。

注释

① **奢摩他**：梵文 Śamatha，意译为止，禅定诸名之一。

② **分别因缘生灭**：分别即分明辨别。指依心生灭门而观察一现象均是由因缘和合而成，有生有灭。

③ **毗钵舍那**：梵文 Vipaśyanā，意译为观，指禅观。

④ **正意**：指与真如菩提相应。法藏《大乘起信论义记》卷下云："意欲令其观心与理相应，自度度他，至无上道，名正意也。"

⑤ **气息**：指禅法中的数息观。

⑥ **形色**：特指禅法中的不净观、白骨观等。

⑦ **空**：特指禅法中的空定，如三三昧、四无色定等。

⑧ **地、水、火、风**：合称为四大，为构成色法的四种基本元素。此特指禅十遍处等禅定。

⑨ **见、闻、觉、知**：泛指一切意识身心活动。

⑩ "**相**"，《金》本作"想"。

⑪ "**心若驰散**"等句，日本学者哈基塔（yoshito S. Hakeda）在其《大乘起信论》英译本（哥伦比亚大学出版社，1967年版）注中云："此文句为智顗《小止观》所引，以作为止观法立义之凭。由于智顗的引用，《起信论》为天台宗所高度评介。"

⑫ **真如三昧**：三昧为梵文 Samādhi 音译，意为定。真如三昧，系指与真如相应的禅定。

⑬ **疑惑**：对真理犹豫不定。

⑭ **不信**：对大乘佛法缺乏信仰。

⑮ **诽谤**：对大乘佛法之诽谤，概指外道之人。

⑯ **重罪业障**：指五逆、四重等业障。五逆，指杀父、杀母、杀阿罗汉、出佛身血、破和合僧。四重罪，指杀人、盗、淫、大妄语。

⑰ **我慢**：恃我自高之义。

⑱ **懈怠**：放逸不勤之义。

⑲ "依"字下，《金》本有"如"字。

⑳ **一行三昧**：唐译一相三昧。指以法界（真如、实相）为对象而观知无差别的禅定。

㉑ "或"，《金》本作"若"。

㉒ **陀罗尼**：梵文 Dhāranī 音译，意译为总持，指能持善法不使散失，持恶法不使起用，亦指咒语等真言。

㉓ "或"，《金》本作"若"。

㉔ **空、无相、无愿**：简称三三昧、三解脱门，指大、小乘共修的禅法。空，指与无我、无我所相应的禅；无相，指远离一切形相差别的禅；无愿，亦称无作，指对一切有为境界无所愿求、无所造作的禅。

㉕ **知宿命过去之事**：佛教五种神通中的"宿命通"。

㉖ **知未来之事**：佛教五种神通中的"天眼通"。

㉗ **他心智**：了知他人的心理活动，佛教五种神通中的"他心通"。

㉘ "休"，《资》《碛》《南》本均作"伏"。

㉙ "是"，《石》本作"此"。

㉚ **世间诸禅**：指人，天中四禅，四空等世间禅定以及不净观、数息观等小乘禅定。

译文

怎样修习止观法呢？

所谓的"止"，是说止息一切境界之相，随顺正止的禅定进行观察。所谓的"观"，是指分辨因缘和合而起的生灭之相，随顺正观即禅观进行观察。

怎样叫随顺呢？

从"止""观"二方面，逐渐修习，不相舍离，使二者同时显现。

如果修习"止"，应该住于僻静之处，端正而坐，系心真如，不依赖气息呼吸的数息观，不依仗身体形、色的不净观与白骨观，不依赖空观，不依赖地、水、火、风，以至不依赖见、闻、觉、知。一切虚妄念想都随着正念真如而遣除，同时这种遣除的想法也被遣除。因为一切法本来就没有形相，所以念念不生，念念不灭。也不能随顺妄心而外念境界，然后又以妄心去遣除妄心。如果心有驰散，应该摄取，专注于正念。这种正念，只是一心，没有心外境界。即使此心本身，也没有自身的相状，所以念念起灭而实无可得。

如果出定，还要于日常的进退往来、行住坐卧等行为中，时常采取方便之法，随顺正确观念，进行观察。这样修习长久，日益纯熟，心就自然能够凝住于定。因为心定，禅定的功夫也日渐猛利，从而能随顺进入"真如三昧"，深深地折伏一切烦恼，使大乘信仰之心得以增长，迅速成就不退的阶位。但是，对大乘之法，心生疑惑、不信、诽谤以及犯有深重业障，傲慢自大，放逸不勤的人除外。这一类人，不能进入真如三昧。

再次，依靠真如三昧，则能了知十法界都是同一形相。即是说，一切诸佛法身与其余凡界众生的色身，平等无二，这就叫"一行三昧"。应当了解，真如是一切三昧的根本，如果有人依真如三昧而修行，就能逐渐生起无量无数的三昧。

也有的众生，由于缺乏善根，就会为邪魔外道和鬼神所惑乱。如果在坐禅中，出现形相恐怖，或出现形态端正的男女之相，应当正念一切唯心，这样，上述种种形相就会止灭，最终不为其所恼乱；如果出现诸天形相、菩萨相，也有示现如来形相的三十二相、八十种好，圆满具足；或者说各种真言咒语；或者说布施、持戒、忍辱、精进、禅定、智慧；或者说平等、空、无相、无愿三解脱门，无怨、无亲以至无因果报应，一切空寂，方是真涅槃；或者令人了知过去之事，亦能了知未来之事，获得他心通、辩才无碍等这一切，能使众生贪恋于世间之名利，又令人喜怒无常，性无定准；或慈爱过度，贪睡多病，使心懈怠；或一时精进，旋即休废；或天生不信（大乘佛法），多疑多虑；或舍弃原来所修的胜行，转修杂业。如果贪恋世间种种牵缠系缚，也能使人得到各种类似三昧的境界，这些都是外道所得境界，不是真三昧，或者使人一日、二日、三日以至七日凝住于禅定之中，获得自然香美的食物，身心感到舒适愉悦，不饥不渴，使人贪恋爱着；或者令人饮食没有常规，乍多乍少，容貌变化多端。因为出现上述这些情况，所以修禅的人应当时常以智慧观察，勿令此心堕入邪魔之网。应当勤作"正念"，不贪求、不执着，就能远离上述这些业障。

应当了知，外道所有三昧，都离不开"我见"、"我爱"与"我慢"之心，贪恋于世间的名利与他人的恭敬。真如三昧，则不执着于所见之相，不执着于所得之境，以至在出定以后，也没有懈怠傲慢之心。所有烦恼，渐渐微少。如果说一切凡夫，不修习真如三昧，而能够证入如来境果，没有这样的道理。因为修习世间的各种禅定三昧，大多会生起执着之心，依止"我见"，轮回于三界之中，与外道同行。如果没有高僧大德的护持，则会生起外道邪见。

原典

复次，精勤专心，修学此三昧者，现世当得十种利益，云何为十？

一者常为十方诸佛、菩萨之所护念。

二者不为诸魔、恶鬼所能恐怖。

三者不为九十五种外道鬼神^①之所惑乱。

四者远离诽谤甚深之法，重罪业障，渐渐微薄。

五者灭一切疑^②、诸恶觉观^③。

六者于如来境界信得增长。

七者远离忧悔，于生死中勇猛不怯。

八者其心柔和，舍于憍慢，不为他人所恼。

九者虽未得定，于一切时、一切境界处，则能灭损烦恼，不乐世间。

十者若得三昧，不为外缘一切音声之所惊动。

复次，若人唯修于止，则心沉没。或起懈怠，不乐众善，远离大悲，是故修观。

修习观者，当观一切世间有为之法，无得久停，须臾变坏。一切心行，念念生灭，以是故苦。应观过去所念诸法，恍惚如梦；应观现在所念诸法，犹如电光；应观未来所念诸法，犹如于云，忽尔而起。应观世间一切有身^④，悉皆不净，种种秽污，无一可乐。

如是当念一切众生，从无始世来，皆因无明所熏习故，令心生灭，已受一切身心大苦。现在即有无量逼迫，未来所⑤苦，亦无分齐，难舍难离，而不觉知。众生如是，甚为可愍。

作此思惟，即应勇猛，立大誓愿，愿令我心离分别故，遍于十方，修行一切诸善功德。尽其未来，以无量方便，救拔一切苦恼众生，令得涅槃第一义乐。

以起如是愿故，于一切时、一切处，所有众善，随己堪能，不舍修学，心无懈怠。唯除坐时，专念于止。若余一切，悉当观察，应作不应作。

若行若住，若卧若起，皆应止观俱行。所谓虽念诸法自性不生，而复即念因缘和合，善恶之业，苦乐等报，不失不坏；虽念因缘善恶业报，而亦即念性不可得。⑥若修止者，对治凡夫住着世间，能舍二乘怯弱之见；若修观者，对治二乘不起大悲狭劣心过，远离凡夫不修善根。以此义故，是止观二门共相助成，不相舍离。若止观不具，则无能入菩提之道。

复次，众生初学是法，欲求正信，其心怯弱。以住⑦于此娑婆世界⑧，自畏不能常值诸佛，亲承供养。惧谓信心难可成就，意欲退者，当知如来有胜方便，摄护信心。谓以专意念佛因缘，随愿得生他方佛土，常见于⑨佛，永离恶道⑩。如修多罗说：若人专念西方极乐世界阿弥陀佛，所修善根，回向愿求生彼世界，即得往生。常见佛故，终无有退。若观彼佛真如法身，常勤修习，毕竟得生住正定故。[11]

注释

① **九十五种外道鬼神**：关于外道数目，各经论说法不一。《华严经》《大智度论》等认为有九十六种外道；《大涅槃经》《大集经》等认为有九十五种外道。

② "疑"字下，《石》《资》《碛》《普》《南》《径》《清》本均有"惑"。

③ **恶觉观**：邪恶的观点。

④ **有身**：指具有眼、耳、鼻、舌、身、意六根的众生之身。

⑤ "所"，《金》本作"世"。

⑥ 虽念诸法自性不生等句，这种止观双运的思想，见性空而不舍万有，于万有不舍性空，正是大乘中观学说"缘起性空"理论的发挥。不过《起信论》不讲性空而讲不生、不可得，表现出对法性真如的肯定意向。缘起性空立论于现象界。所谓性空，乃指现象之性，没有自体，因缘而有。而《起信论》，则从现象与本体同时立论，讲现象，则因缘和合，业报不爽；讲本体，则自

性不生、性不可得，认可一种超越的智慧给予观照。

⑦ "住"，《碛》《南》本均作"往"。

⑧ **娑婆世界**：娑婆，梵文 Sahā。亦译娑诃、索诃等，意译堪忍。泛指众生居住的、充满了苦难的世界。

⑨ "于"，《石》本作"诸"。

⑩ **恶道**：唐译恶趣。通指六道中的三恶道，即地狱道、畜生道、饿鬼道。

⑪ 哈基塔英译注中，疑此段经文为后人增益。其说："尽管对阿弥陀佛的信仰，在因缘分第七中已有明示，不过，在讨论禅定两种基本方法，止与观之后，陡然出现劝人念佛，似乎有些让人不解，事实上，这并不属于五种实践（修习）的范围，而是一种附加，难怪有的西方学者，怀疑本论与弥陀信仰有关，认为本段可能为弥陀信奉者或作者在弥陀信奉者的压力之下增益的。"

译文

再则，精进专心，修习"真如三昧"的人，现世就可以获得十种利益。哪十种呢？

一是经常为十方诸佛菩萨之所护持和护念。

二是不为一切邪魔恶鬼所恐怖。

三是不为各种各样的外道鬼神所迷惑、扰乱。

四是远离对大乘佛法的诽谤之心，使深重的业障逐渐微少。

五是灭除一切对大乘佛法怀疑和邪恶的观念。

六是对于如来境界的信仰得以增长。

七是远离忧悔，虽身处生死流转之中，而勇猛不怯，一心向道。

八是心情柔和，舍除骄慢之心，不为他人所恼怒。

九是尽管没有达到入定的境界，但无论何时何地，都会减少烦恼，不耽乐留恋世间境界。

十是若获得三昧，则不为外在的一切声音所惊动。

再次，如果有人只是单纯地修习"止"，就会产生昏沉之心，或产生懈怠之情，不乐于一切善业，远离救世悲心，因此还应修习"观"。

修习"观法"，应当观察世间一切有为之法，都不得长久停住，而是须臾变灭的。一切众生的心行，都是刹那生灭的，所以才充满了痛苦。应当观察过去所念着的一切（现象），恍惚如梦，虚幻不实；观察现在所念着的一切现象，犹如电光，倏忽即灭；观察未来所念着的一切现象，犹如浮云，来去无常；观察世间一切有身，都不清净，种种污秽，遍满全身，没有一处可以乐恋。

因此，就应当观想，一切众生，从无始以来，都由于"无明"不断熏习，生起生灭之心，遭受一切身与心的巨大痛苦。现在又有无数苦恼逼迫身心，未来的痛苦，也没有定限。这些痛苦，难舍难离，众生处于其中却不知觉。众生如此迷而不明，实可悲愍。

有了如此观想，即应当勇猛精进，发大誓愿。愿使我心，远离妄念分别，于十方世界，遍修一切向善功德，尽未来之世，以无量无数的善巧方便，救拔一切苦恼众生，使他们证得涅槃的最胜妙乐。

因为发了这样的誓愿，就应随时随地，对一切众善，根据自己的能力，坚持不懈地修习。除了禅定时专心一念修止外，其余一切时间，都应当观察，哪些应做，哪些不应做。

在行、住、坐、卧的日常行为中，都应当做到"止观俱行"。即虽然念想一切现象本无自性（修止），而又要念想一切现象由因缘和合而成，善恶之业必有苦乐等果报，丝毫不爽，不会坏失（"止"中修"观"）；虽然念想一切现象由因缘而成，善恶业报不会坏失（修观），而又要进一步念想一切现象的自性并不可得（"观"中修"止"）。这样修习"止"法，就可以对治凡夫贪着于世间境界，使声闻、缘觉二乘舍弃怖畏生死的怯弱之见；这样修习"观"法，就可以对治声闻、缘觉二乘不起大慈大悲的狭劣心过，远离凡夫不修善根的行为。由于这样的道理，"止""观"二种法门，互相助成，不相舍离。如果"止""观"不能同时具备，就无法证入菩提妙道。

再次，有的众生初学大乘佛法，想求得正确的大乘信仰，但又产生怯弱之情。由于他们住在这个娑婆世界，畏惧不能时常遇见诸佛，亲自承事供养。恐怕信心难以成就圆满，想要退堕道心。这样的众生，应当了知如来有一种特别殊胜的方便法门，可以摄受保护众生的信心。这就是专心一意念佛，以此为因缘，就能随着自己的愿力而得以往生他方净土，常见诸佛，永离三恶道。正如佛经中所说：如果有人专意愿想西方极乐世界阿弥陀佛，由此所修善根回向愿求生彼极乐世界，就可以往生彼处，由于在那里可以常见诸佛，所以最终不会退堕。如果进一步观想阿弥陀佛的真如法身，时常精进修习，就能最后获得真如三昧的正定之果。

论修行利益

原典

已说修行信心分，次说劝修利益分。

如是摩诃衍诸佛秘藏，我已总说。若有众生，欲于如来甚深境界，得生正信，远离诽谤，入大乘道，当持此论，思量修习，究竟能至无上之道。

若人闻是法已，不生怯弱，当知此人，定绍佛种，必为诸佛之所授记①。假使有人，能化三千大千世界②满中众生令行十善，不如有人于一食顷正思此法，过前功德，不可为喻。

复次，若人受持此论，观察修行，若一日一夜，所有功德，无量无边，不可得说。假令十方一切诸佛，各于无量无边阿僧祇劫，叹其功德，亦不能尽。何以故？谓法性功德，无有尽故。此人功德亦复如是，无有边际。

其有众生，于此论中，毁谤不信，所获罪报，经无量劫受大苦恼。是故众生，但应仰信，不应诽谤，以深自害，亦害他人，断绝一切三宝之种③。

以一切如来皆依此法得涅槃故，一切菩萨因之修行入佛智④故。当知过去菩萨，已依此法得成净信；现在菩萨，今依此法得成净信；未来菩萨，当依此法得成净信。是故众生，应勤修学。⑤

诸佛甚深广大义，我今随分总持说，
回此功德如法性，普利一切众生界。

注释

①**授记**：梵文 Vyākarana，又译和伽罗，意指佛对发心众生授与将来必当成佛的记别。

②**三千大千世界**：又称大千世界。佛教关于世界的空间图景，以须弥山为中心，以铁围山为外廓，为同一日月所照的四天下为一小世界，一千个小世界为一小千世界；一千个小千世界为一中千世界；一千个中千世界为一大千世界。大千世界合小、中、大三种千世界，故名三千大千世界，其中一个大千世界，为一佛所教化。

③**三宝之种**：指佛、法、僧三宝的种子。另，"之种"，《石》本作"种性"。

④"智"，《石》本作"慧"。

⑤关于最后这部修行利益分，据哈基塔英译本注中说："有的现代学者认为此最后一段，文义粗浅，与前文高深玄远的精神不相协调，疑为后人所增益。"

译文

已说修行与树立信心，其次说修行的利益。

关于大乘诸佛的甚深秘法，我已作了如上的总体概说。若有众生想对如来甚深境界，获得正信，远离对大乘佛法的诽谤之心，证入大乘妙道，应当依据此论，思考修习，最终一定能够达到无上的菩提之道。

如果有人听了此论所说大乘佛法，不生怯弱之心，当知此人，必定能够绍隆佛种，必定为诸佛所授记。如果有人，可以教化三千大千世界中的一切众生，令他们修习十善，不如有人于一餐饭的时间里真正思考本论所说佛法，这种功德超过教化三千大千世界众生的功德，不可言喻。

再次，如果有人接受奉持此论，依之观察修习。甚至一日一夜的时间，其获得的功德无量无边，不可言说。假使十方一切诸佛，各自于无量无边的时间里赞叹此论的功德，也称道不尽。为何如此？因为真如法自性的功德，没有穷尽。照此论修持的人，其功德也是如此，无边无际。

如果有众生，对于此论，毁谤不信，所得的罪恶报应，要经无数劫的时间，要受到巨大的身心苦恼。所以一切众生，只应信仰（此大乘之法），不应起诽谤之心，以致自害害人，断绝一切佛、法、僧三宝的种子。

因为一切如来，都是依据此法而证得涅槃，一切菩萨也因之修习而证入佛智。所以应当了知，过去菩萨，已经依据此法，证得净信；现在菩萨，正依据此法而证得净信；未来菩萨，当依据此法而证得净信。所以一切众生应精进修习此法。

　　诸佛甚深广大之义理，我今已随顺作了概说。
　　愿功德回向真如法性，普利一切众生无例外。

源流

《大乘起信论》产生于中国南北朝后期，绝非偶然，有其深厚的思想渊源和具体的文化背景。

　　两汉之际传入的印度佛学，初以小乘教义为主，所讲禅法神通，往往与神仙道术思想相附会，因而得以立足中土。魏晋以来，大乘教义的般若空宗传入中国，佛学作为一种理论体系开始与中国传统哲学相汇合，主要表现为般若学与老、庄玄学，通过格义互释而逐步融通。般若学的中国化过程中，出现了对般若空观的所谓"六家七宗"的歧解和论争，而由"解空第一"的僧肇给以批判的全面总结。《肇论》一书，以其超越旧有的比附格义的方法，着重从思想内涵上融通般若中观缘起性空之义与老、庄玄学有无动静体用之辨，从而完成了印度佛学中国化的第一座纪程的丰碑。

与般若中观在中国的传播并逐步与玄学合流而中国化的同时，印度大乘佛学的另一系即唯识法相学也在译介传播。北魏菩提流支等所形成发展的"地论学"，成为北朝佛教显学。稍后梁、陈之际在广州的真谛等所发展的"摄论学"（以阐扬《摄大乘论》为中心），逐步推向全国，直到唐初玄奘从印度留学归国，把唯识法相学的传播推向高潮。但唯识法相学以其固守印度佛教义理而缺乏中国化的创造性发展，流行不久即中衰。

在上述两大系之外，另有一些经论在印度佛教发展中几乎无甚影响，而译介到中国却引起巨大反响。这就是涅槃佛性学一系。先是法显译出《大般泥洹经》（即《大涅槃经》之前部），已引起僧叡的高度重视，对经中所云"泥洹不灭，佛有真我，一切众生，皆有佛性"等，特加表彰。

北凉昙无谶于公元四二一年将四十卷《大涅槃经》译出，立即风靡全国。接着，元嘉年间（公元四二四—四五三年）在南方陆续译出与《涅槃经》同类的经籍，如《胜鬘经》《楞伽经》《央掘魔罗经》《大法鼓经》等。《胜鬘经》即指出人人具有"自性清净心"，此心"含藏如来一切功德"，亦名"如来藏"；《楞伽经》明言"如来之藏，是善不善因，能遍兴造一切趣生"。《大法鼓经》更肯定众生"有常""有我"，此"我"又名"真我"，即是"佛性""如来性"。这些新鲜观点，启发促进了《涅槃经》重点所讲的佛性问题以及如来藏问题的广泛研究，并出现了各有师承、互相歧异的涅槃师说。据隋吉藏在《大乘玄义》中记载，这些师说，共有十二家之多。吉藏同门的惠均的《四论玄义》（现存残本）则认为"根本之说"有三家，"枝末之说"有十家，共十三家，与吉藏所说大同小异。

各家师说，围绕佛性问题——关于"正因佛性"，关于"佛性当、现"（即"本有"或"始有"），关于佛性与众生心识的关系等问题，展开了复杂而曲折的争论。如众生皆有佛性，但佛性是在众生心识之中还是在心识之外，亦即在心识之外是否有一"清净法性"？由于《涅槃》等经讲得含糊，如《涅槃经》中一方面讲"净谓如来性善，纯清无染"，清净佛性似存在于生灭心识之外；另一方面，又讲五阴佛性，主张"因色、因明、因心"见佛性，则佛性又似在生灭心识之中。至于《胜鬘》《楞伽》等则又肯定"如来法身不离烦恼藏"，常说"如来藏亦名藏识"，乃至合称之为"如来藏藏识"，似乎又主张"净、染一处"。但言之不详。

关于佛性当、现问题，即众生皆有佛性的"有"，是"当有"还是"现有"？是"本有"还是"后有"、"始有"？《涅槃经》似曾暗示众生之有佛性，犹如"贫女宝藏""力士额珠",似说佛性"本有";但又以乳酪为喻,谓乳中无酪,但酪从乳生,在于未来,似又主张非"本有"而是"后有"、"始有"。经文本有不同说法,故以后地论师的分为南北二道,正是把"本有""始有"二说对立起来,争论不休。

地论师所据《十地经》(乃《华严经·十地品》的单行本)与《十地经论》,主要思想即"三界虚妄,但是一心作",并把"心"具体规定为阿赖耶识。但《十地经论》对"心"的规定并不明确,有时指为"染依止",是"杂染心",有时又讲心中有一"自性清净心","自性不染相"。至于阿赖耶识,既是缘生万法的本体,本身性质如何?其中是否有佛性?也未作具体分疏。

由此引起地论师南、北二道的分歧,主要在于当、现二说的佛性论问题,并直接涉及阿赖耶识的染净问题。南道讲染净缘起是以真如法性为依持,故与佛性"本有"说相关;北道讲染净缘起以阿赖耶识为依持,同南方摄论师相近,认为通过修行,无漏种子新熏,故与佛性"始有"说相关。北道以阿赖耶识为杂染识,法性在识外,故讲转识成智、破识显性的"当果"说,较符合印度唯识法相学原义。而南道以第八识本性为清净阿赖耶,以第七识为杂染,修习是使本有佛性重新彰显,故主佛性不离心识的"现果"说。

法上在其《十地论义疏》卷二中，已讲到佛性与诸心识"终日同处，染净常别"，已孕育着心真如与心生灭不一不异的思想萌芽。

《摄论》的传承晚于《地论》。真谛译出的《摄大乘论》与《摄大乘论释》，流行南方，对唯识学体系别出新解，形成摄论学派，在南北朝佛学发展中产生了极大的影响。真谛所译传的《摄论》，其说心识，与《地论》大异，与以后玄奘新译所传也不相同，其主要分歧在于杂染"阿赖耶识"（第八识）之上，是否还有一个清净"阿摩罗识"（第九识），即认阿赖耶识为妄识，与如来藏明示区别。

摄论派其所以在阿赖耶识之上再立纯净无染的第九识，旨在沟通中、印心性学，坚持真心一元论的思想取向，可以说属真心系；而玄奘所传属妄心系，主赖耶杂染义，故真如佛性在众生心识之外，佛性与阿赖耶识是异体和合的矛盾关系，转依的根本靠外缘后得的"正闻熏习"以及六度修行等。这更符合唯识学原义。

真谛的立异，引起《地论》的南、北二道以及《摄论》的新旧译传之间、唯识学系与如来藏系之间的激烈互诤。但真谛试图调和沟通之论并未达到成熟，他一方面另立一纯净无垢、真如为体的第九识，似乎肯定阿赖耶识为杂染识；另一方面又讲第八阿赖耶识既是杂染流转之因，又是还灭的"解性赖耶"，具有二重性，似乎主张赖耶中固有清净种子，只要清除本识中的不净种子，解性赖耶就可增长以至成佛。

吉藏《中观论疏》卷七中曾概述当时真谛为代表的摄论家以八识为妄，九识为真实。又云八识有二义：一妄、一真。有解性义是真，有果报义是妄用。这就使《摄论》的传承中内部也异说纷出，歧解多端。正是这些矛盾两难的异解中，预示着推陈出新的思想契机，预示着更加成熟、更加圆通的理论必将出现。正如有的论者所概述的："其在印度，龙树、无着，双峰对耸。……延及末流，护法、清辨，互净空有，法海扬澜。《起信论》以众生心为大乘法体，而众生心一面涵真如相，一面涵生灭因缘相，生灭又以真如为依体，而真如又具空、不空二义。

"于是般若、法相两家宗要摄无不尽，而其矛盾可以调和。其在中国，地论、摄论诸师，关于佛身、如来藏、阿赖耶诸问题，多尊所闻，哄成水火。《起信论》会通众说，平予折中。言佛身则应真双开，言藏识则净妄同体。于是南北各派之说据无不尽，而聚讼得有所定。"（梁启超《大乘起信论考证》）这一概述，大体如实。

《起信论》适应佛学进一步中国化的历史要求，应运而生，既有其产生所必备的思想渊源、理论准备和文化氛围，更有其使大乘佛学在中国化中得到发展所需要的善于融会中国传统哲学精神的必要条件。这在《起信论》理论体系的一些重要环节中，可以清楚地看出来。例举如下：

《起信论》关于"一心开二门"的理论建构，是其整个体系的核心，由此出发，展开了一系列饶有新意的佛学思辨。一心所开真如、生灭二门，互不相离；"依如来藏故有生灭性。所谓不生不灭与生灭和合，非一非异，名为阿黎耶识"。这就明确地总结和回答了南北朝以来开展的佛性问题的各种论争。自《涅槃》《胜鬘》《楞伽》，以及地、摄诸师，在争论如来藏与阿赖耶识是同是异，以及阿赖耶识是染是净等问题时，都陷入真（不生不灭的真体）妄（生灭的妄相）、净染等二元对立、体用割裂的思维模式，而校论一异，互诤不休。

《起信论》以更高的思维水平，创建了一心二门、真妄同体、净染同依的一元思路；而且坚持真如缘起的思想，肯定一切生灭法（染、妄）皆无自性，皆依真如而起，皆以真如为本体，克服了以往如来藏系也讲染、净和合的二分、二元的倾向，而突出了染无自性、性识不二的一元论。从而为大乘佛法的缘起论和解脱论，提供了更圆满的论证。

而"一心二门"的理论架构，虽从佛性与心识、如来藏与阿赖耶识的异同问题的两难论辩中来，但显然是吸取、融摄了中国传统哲学的智慧。如《周易》有尚杂（"物相杂，故曰文"）、兼两（"兼三才而两之"）之义；《老子》标出"常有、常无"的对立范畴，而作出"两者同出而异名，同谓之玄"的论断；《庄子》有"和之以是非而休乎天钧，是之谓两行"的提示；《中庸》分"未发"与"已发"，《易传》分"寂"与"感"，《乐记》分"天性"与"物欲"；等等。这些思路，自可作为《起信论》由"一心二门"开展出的真妄、净染、性识等一系列"二而不二"构想的活水源头。

"心性本觉"，是《起信论》与印度佛学传说的"心性本寂"卓然立异的根本观点。攻《起信论》者都抓住此点，视"性觉"说与印度佛学传统的"性寂"说乃"根本相反"，指斥《起信论》讲"心性本觉""众生佛性，即是真觉"，乃是违反"圣教"，"混同能所"，"流毒所至，致趋净而无门"。事实上，《起信论》把真如法性规定为"本觉"，并对由觉到不觉的流转与由不觉到觉的还灭所作的详尽剖析，恰好是《起信论》在佛学中国化中的突出贡献。

佛教东传及其在中国化过程中，长期沿袭印度传统讲"性寂""性静""性空"，或以儒家伦理化的人性论来格义而讲"性仁"，到《起信论》一变而讲"性觉"，把众生自觉修行证悟成佛，看作众生自信心中有佛性，靠自心由"始觉"向"本觉"复归，不假外求。这是佛学的心性论、解脱论，由于理论上的中国化而得到的新发展。

《起信论》对"性觉"义的阐释，显然受到了《中庸》《孟子》的思想影响。《孟子》主张"性善"，而必须"尽性""尽心"，"心之官则思，不思则不得"，强调"思"的作用；所谓"以先觉觉后觉"，"以斯道觉斯民"，更突出了"觉"的意义。《中庸》讲"自诚明"与"自明诚"相结合的觉性，又强调"极高明而道中庸"。《起信论》善于吸纳、消化这些思想资源，故敢于以"不觉"说无明，以"觉"表佛慧，辨诸"觉"义而把中国化的佛学思辨推进到一个新的境界。

至于《起信论》贯注整个体系、消解各种对立的"不一不异""二而不二"的灵动方法，深刻地发展了佛学思辨中的二谛义、双遣法，确乎使当时佛学界各家互诤、悬而未决的一些繁难问题，诸如阿赖耶识与如来藏的一异问题、佛性与众生心识的关系问题（佛性"本有"与"始有"之争）、染净互熏何以可能等等，都因善于从中国传统哲学的"物生有两""和而不同""相灭相生""相反相成"，以及体用相涵、本末一贯等思想中吸取智慧，而得以较好的解决。

　　总之，《起信论》是佛学中国化的历史和逻辑发展到特定阶段的必然产物。它对南北朝以来中国佛学的各种论争，在一定意义上作了一个阶段性的总结，并对隋唐中国化佛学的创宗立义，提供了直接的思想资源，与《肇论》遥相辉映，完成了佛学中国化的第二座纪程的丰碑。

解说

《大乘起信论》一书言简意赅，通过"一心二门"的心性学建构，层层展开染净互熏的流转与还灭运动，法、报、应三身佛说，以及止观修习等大乘教义，明显地表现出对南北朝以来大乘佛教的中观、瑜伽、如来藏等各家学说，加以吸收融摄，并有意识地超越各家的争论，融会贯通，曲成无遗。

　　《起信论》依照《华严》《密严》《胜鬘》《楞伽》《涅槃》等佛教如来藏系思想而提炼出心性本觉的学说，为中国佛学的发展开拓了一个新的境地。从佛学内部说，它发展了印度原有的空、有二宗，以染净同于一心，心性不二，以及一体二面等中国哲学理路，通过体、相、用三大的不二关系，沟通了生灭变化的现象与永恒真理，在世与出世的二面，从而克服了印度空、有二宗的各自局限，也突破并发展了如来藏系学说。《起信论》的思想，以"众生心"这个概念为主体，主张"众生心"涵摄一切万法，同时又把心性结合起来，提出"色性即智""智性即色"的命题，这样"众生心"就具有超越与现实的双重属性。

它一方面有高蹈的出世追求，而同时又要内在于一切现实，不异一切现象，保持随俗入世的情怀。这种出世与入世的二行之理，把超越的天国拉回到人们内在的心灵之中，由高远走向平实，巧妙地把印度佛学的出世倾向与中国文化的入世精神相结合，在现实中求得超越，通过生灭的现象而"随顺"进入真如的永恒之域，形成一个中国化佛学的圆教体系。

《起信论》不仅初步完成印度佛学与中国哲学的融合，提出一个博大圆融的中国化佛学体系，而且其"一心二门"的心性论结构和心性本觉的思想，也提示了中国华严宗、天台宗、禅宗以及宋明理学的基本理路，对近现代中国哲学也产生了深远影响。

起信论与华严宗

华严宗组织自己的学说，在很大程度上融摄了《起信论》思想在内。它经过地论、摄论的研讨，到《起信论》的出现，再进一步发展而成为中国化佛教学说的一大系统。正如明代德清在《华严宗法界缘起纲要》一文中所指出的，"要入华严法界，必由此论为入法界之门"。实际上，中国华严宗的诸大师，大都是依据《起信论》而创教立义的。

华严初祖杜顺所著《华严五教止观》一文，就是直引《起信论》"一心二门"的思想来诠释华严的"事理圆融观"；又沿用《起信论》止观、悲智不二的学说，提出"止观双行，悲智相尊"的思想。主张以"不住空"的大乘菩萨悲愿，去摄化众生。这些思想，到法藏手里，得以较充分的发挥。

法藏很早就重视《起信论》，曾参照新罗元晓《起信疏》作《起信论义记》与《起信论义记别记》。法藏首先通过判教的方式，把《起信论》判为"终教"。在法藏的判教体系中，"终教"离最究竟的"圆教"只隔一层，是构成"圆教"的基础。"圆教"讲"事事无碍"，乃华严极境，必须通过"终教"的理事无碍为中介，所以法藏的华严学说，是以《起信论》为根基而有所发展的。法藏又以《起信论》如来藏不变随缘与随缘不变二义，来阐发华严宗的理事交彻，"一即一切，一切即一"的宗旨。

法藏晚年，主要发挥《起信论》"心性本觉"的思想，提出性体"圆明""言海印者，真如本觉"等主张。这些思想，都在其最成熟的《修华严奥旨妄尽还源观》一文中得到体现。

华严四祖澄观也很重视《起信论》，《宋高僧传·澄观传》说他曾在瓦官寺给《起信论》作注，又与法藏学习过元晓的《起信疏》。可见，他的思想也多少受到《起信论》的影响。澄观注意到《起信论》中的"性觉"说，并把它与禅宗荷泽一系的"灵知之心"结合起来，主张"无住心体，灵知不昧"。他又把《起信论》染净不离心体的思想，与天台宗的"性具"理论相融会，提出"如来不断性恶"的思想。

圭峰宗密，是华严诸师中贯彻《起信论》最充分的、彻底的。他的心性学说，就是以《起信论》"一心二门"为根据而建立的真心不变随缘义。他以心为本源，以真如、生灭二门为义，认为"心真如是体，心生灭是相用"。关于真心之体的根本特性，宗密规定为"寂知"，在《圆觉经大疏释义钞》卷一之上中说："寂是知寂，知是寂知。寂是知之自性体，知是寂之自性用。"就是说，寂是心性的根本，知是心性的妙用，强调心性的灵知妙用，显然是受到《起信论》心性本觉说的影响。宗密把这种"本觉"的思想贯穿于他的判教体系之中。

他认为以《起信论》为代表的性宗，之所以比"破相显性"的空宗更为圆融，在于空宗只是从心性本体为空寂，局限于性体，而不能运化无穷，下化众生。而性宗主张"知为真体""照明为性"，则可以贯通一切现象，依据真体而又能融于事理，把本体与现象，理与事，超越的天国与世俗的生活打成一片。可见，宗密的宗旨，是力图用《起信论》来发展华严理事无碍的圆融理论。

法藏、宗密主要以《起信论》来结合华严宗理事无碍的学说，到了宋代的长水子璇，则通过对《起信论》的绵密注释，强调以《起信论》真如缘起说作为华严事事无碍理论的依据。在其《起信论疏笔削记》一书中说："故知真如随缘，是彼事事无碍之由，故得摄也。"中国华严宗推崇《起信论》的风气一直沿续到近代，如近代居士佛教的一代宗师杨仁山，教宗贤首，同时十分重视《起信论》，认为此论"总括群经要义"，是了解大乘佛法的初阶。

起信论与天台宗

早期天台大师是不注重《起信论》的，真正开始对《起信论》进行研究，并以天台宗思想来会通《起信论》

的，是天台宗的中兴者，唐代的荆溪湛然。湛然为了重兴天台，与华严宗抗衡，于是开始注意到华严宗一向重视的《起信论》，尤其是《起信论》中"真如不变随缘"的思想，并作了与华严宗不同的解释与发挥。

《起信论》讲真如与生灭"非一非异"本来就可以从不同方面理解。华严宗讲理事不二，是从"性起"方面说的，所以法藏注释《起信论》不变随缘义，是基于"性起"的观点。湛然依《起信论》，乃是为了说明天台宗的"性具"之义。他认为《起信论》之一心摄世、出世间法，即是一心本具十界三千世间法为体，所谓"一切诸法无非心性，一性无性，三千宛然"，就是此义。根据这种思想，湛然认为《起信论》的真如随缘不变的学说，强调的是真如与变灭现象的一体性，有情无情事物都与佛性是同体的。他所著《金刚錍》一文中云："万法是真如，由不变故；真如是万法，由随缘故。"即是说，不变与随缘是一致的，不变即随缘，随缘即不变。这样，湛然的"性具"说，依据《起信论》比华严更进一层，由理事无碍说而发展为理事互具说。

宋代天台宗内部山家、山外二派关于观心问题的论争，实际上也是围绕着对《起信论》"一心二门"，真如不变随缘的不同理解而发生的。

从晤恩为首的天台山外派，按照华严宗"性起"真心说的路子，对《起信论》加以引申发挥。在观心方法上，他尤其发挥观性义，主张修习观法，要在直契真心中之佛性上下功夫，则白能随十界缘而不变，亦不变而随缘，不必通过"观心"。后来他的弟子源清、洪敏也都坚持这种思想。而这却引起以知礼为代表的天台山家派的批评。知礼认为晤恩的学说只讲到《起信论》心真如门，不了解生灭门的意义，因而是有偏向的。他认为只有"观心"，而不是"观性"，才是天台宗的本来宗旨，才是《起信论》"圆教"的精神所在。所谓"观心"法，就是依事见理，平看一切，从具体的事物、现象与生活现实入手，逐渐向上趋向菩提。无论是晤恩的"观性说"，还是知礼的"观心说"，其实都是各自引申《起信论》的一个方面而已。山外之学，直接从心真如门入手，认识真如，依理显事的方法，走的正是《起信论》"唯证相应"的顿悟法门；山家之学主张从心生灭门入手，依事显理的方法，则显然是从《起信论》"随顺"的方便观法中脱胎出来。而这两种方法，在《起信论》中是兼容互补的。

明代的智旭大师，教宗天台，他十分推崇《起信论》，并为此写了一部《起信论裂网疏》。他完全依照湛然、知礼的天台理路去发挥《起信论》，认为《起信论》中真如门与生灭门、染与净、真与俗二谛唯是一法，不变随缘即是随缘不变，突出了理事互具的"性具"说倾向。从华严、天台诸家对《起信论》心性、缘起学说的不同理解与发挥，已可以看出《起信论》思想的复杂性与涵容性。

起信论与禅宗

中国禅宗的传承与发展，经历了由依《楞伽经》到依《起信论》的过程。四祖道信开始把《楞伽经》与《般若经》结合起来，并进而与《起信论》的思想相贯通，经弘忍、神秀、惠能、荷泽神会诸大师的不断弘扬，《起信论》的精神越来越深入到中国禅学的骨髓之中。

五祖弘忍开创的"东山法门"，提倡"守心第一"的观心方法。"守心"，从根本上说，就是"守本真心，妄念不生"，这种思想出自《起信论》一心即摩诃衍的说法，其突出当下悟入心真如门的顿悟方式，也是经由《起信论》真如门引申出来。

东山法门重视《起信论》的心真如门，神秀才引用心生灭门的本觉学说，倾向于从始觉向究竟觉的渐入方法。神秀所作《大乘无生方便门》一文中讲的方便通经，广引圣典，就是依照《起信论》的生灭门，通过

"离念"的不断修习，而最终证悟本有"觉性"的。由于神秀以《起信论》作为自己通经的根本，从而影响到禅门北宗的传承，都以《起信论》为先要。

惠能主张"无念为宗，无住为本"，则是从另一个方面发挥《起信论》。惠能提出"直心"的观心方法，所谓"直心"，具体说，就是从生灭门直下悟入真如本觉的证悟方法。这既不同于弘忍大师由真如门入手，直契真如，更不同于神秀禅师由生灭门出发，经由始觉到究竟觉的不断渐修，而是《起信论》中念即无念，"知念无自相"方法的直接引入。

所以惠能反对"空心不思""念尽除却"，而提出要在念念不住的生灭现象中，直下无住，见自本性；在活泼的生命流动中，当下解脱，"虽即见闻觉知，不染万境而常自在"。这种不住内外，来去自由的观心方法，经由神会"正念真如法"的进一步弘扬，到洪州禅提出"任心即修为"的见性方法，更是日见光大了。

《起信论》心性学说与理论构架，不仅影响中国佛学的发展，而且也提示了中国哲学的思维理路。如宋明理学的"心统性情"说，就明显地从《起信论》"一心二门"中提炼出来；而宋明理学讲的"虚灵知觉"与"明觉"之心，也无非是《起信论》心性本觉说的延伸。乃至近现代中国哲学的许多思路，仍在自觉地沿用或发展《起信论》的思想。以马一浮、熊十力、牟宗三、唐君毅等现代新儒学的代表，或多或少都受到《起信论》的启示，来建构其道德形上学或文化哲学的思想体系。如牟宗三以"一心二门"的架构来建立他的"二层存有论"，通过真如门与生灭门的划分来诠释康德区分自在之物与现象界的特殊意义，从此与康德哲学相会通，可以说是《起信论》精神和思维方式的现代运用。

《起信论》作者强调佛慧种子的绵延，它所创造的智慧成果，在中国哲学文化的发展中确乎具有蓬勃的生命力。

附录

1 大乘起信论

马鸣菩萨造

大周于阗三藏实叉难陀奉制译

归命尽十方，普作大饶益，

智无限自在，救护世间尊。

及彼体相海，无我句义法，

无边德藏僧，勤求正觉者。

为欲令众生，除疑去邪执，

起信绍佛种，故我造此论。

论曰：为欲发起大乘净信，断诸众生疑暗邪执，令佛种性相续不断，故造此论。

有法能生大乘信根，是故应说。说有五分：一作因，二立义，三解释，四修信，五利益。

此中作因有八：

一总相，为令众生离苦得乐，不为贪求利养等故；

二为显如来根本实义，令诸众生生正解故；

三为令善根成熟众生不退信心，于大乘法有堪任故；

四为令善根微少众生，发起信心至不退故；

五为令众生消除业障，调伏自心离三毒故；

六为令众生修正止观，对治凡小过失心故；

七为令众生于大乘法如理思惟，得生佛前究竟不退大乘信故；

八为显信乐大乘利益，劝诸含识令归向故。

此诸句义，大乘经中虽已具有，然由所化根欲不同，待悟缘别，是故造论。

此复云何？

谓如来在世所化利根，佛色心胜，一音开演无边义味，故不须论。佛涅槃后，或有能以自力少见于经而解多义；复有能以自力广见诸经乃生正解；或有自无智力因他广论而得解义；亦有自无智力怖于广说乐闻略论摄广大义而正修行，我今为彼最后人故，略摄如来最胜甚深无边之义，而造此论。

云何立义分？

谓摩诃衍略有二种：有法及法。

言有法者，谓一切众生心，是心则摄一切世间、出世间法。依此显示摩诃衍义。以此心真如相，即示大乘体故。此心生灭因缘相，能显示大乘体相用故。

所言法者，略有三种：一体大，谓一切法真如在染在净性恒平等，无增无减无别异故；二者相大，谓如来藏本来具足无量无边性功德故；三者用大，能生一切世出世间善因果故，一切诸佛本所乘故，一切菩萨皆乘于此入佛地故。

云何解释分？此有三种：所谓显示实义故，对治邪执故，分别修行正道相故。

此中显示实义者，依于一心有二种门：所谓心真如门、心生灭门。此二种门各摄一切法，以此展转不相离故。

心真如者，即是一法界大总相法门体，以心本性不生不灭相。一切诸法皆由妄念而有差别。若离妄念，则无境界差别之相，是故诸法从本已来性离语言，一切文字不能显说。离心攀缘无有诸相，究竟平等，永无变异，不可破坏。唯是一心说名真如，以真如故，从本已来不可言说，不可分别，一切言说唯假非实，但随妄念无所有故。言真如者，此亦无相，但是一切言说中极以言遣言，非其体性有少可遣，有少可立。

问曰：若如是者，众生云何随顺悟入？

答曰：若知虽说一切法而无能说所说，虽念一切法而无能念所念，尔时随顺妄念都尽名为悟入。

复次，真如者，依言说建立有二种别。一真实空，究竟远离不实之相显实体故。二真实不空，本性具足无边功德有自体故。

复次，真实空者，从本已来一切染法不相应故。离一切法差别相故，无有虚妄分别心故。应知真如非有相，非无相；非有无相，非非有无相；非一相，非异相；非一异相，非非一异相。略说以一切众生妄分别心所不能触，故立为空。据实道理，妄念非有，空性亦空，以所遮是无，能遮亦无故。

言真实不空者，由妄念空无故，即显真心常恒不变，净法圆满，故名不空；亦无不空相，以非妄念心所行故，唯离念智之所证故。

心生灭门者，谓依如来藏有生灭心转，不生灭与生灭和合，非一非异，名阿赖耶识。

此识有二种义，谓能摄一切法，能生一切法；复有二种义，一者觉义，二者不觉义。

言觉义者，谓心第一义性，离一切妄念相。离一切妄念相故，等虚空界，无所不遍，法界一相，即是一切如来平等法身。

依此法身，说一切如来为本觉，以待始觉立为本觉。然始觉时即是本觉，无别觉起立。始觉者，谓依本觉有不觉，依不觉说有始觉。又以觉心源故名究竟觉，不觉心源故非究竟觉。

如凡夫人，前念不觉起于烦恼，后念制伏令不更生，此虽名觉，即是不觉。如二乘人及初业菩萨，觉有念、无念体相别异，以舍粗分别故，名相似觉。如法身菩萨，觉念、无念皆无有相，舍中品分别故，名随分觉。若超过菩萨地，究竟道满足，一念相应觉心初起，始名为觉，远离觉相微细分别究竟永尽，心根本性常住现前，是为如来，名究竟觉。是故经说，若有众生，能观一切妄念无相，则为证得如来智慧。

又言心初起者，但随俗说，求其初相终不可得，心尚无有何况有初，是故一切众生不名为觉。以无始来，恒有无明妄念相续，未曾离故。若妄念息，即知心相生住异灭皆悉无相。以于一心前后同时皆不相应，无自性故。如是知已，则知始觉不可得，以不异本觉故。

复次，本觉随染分别，生二种差别相，一净智相，二不思议用相。

净智相者，谓依法熏习，如实修行，功行满足，破和合识，灭转识相，显现法身清净智故。一切心识相，即是无明相，与本觉非一非异，非是可坏，非不可坏。如海水与波，非一非异，波因风动，非水性动；若风止时，波动即灭，非水性灭。众生亦尔，自性清净心因无明风动起识波浪。如是三事皆无形相，非一非异，然性净心是动识本，无明灭时，动识随灭，智性不坏。

不思议用相者，依于净智，能起一切胜妙境界，常无断绝。谓如来身具足无量增上功德，随众生根，示现成就无量利益。

复次，觉相有四种大义，清净如虚空明镜。

一真实空大义，如虚空明镜，谓一切心境界相及觉相皆不可得故。

二真实不空大义，如虚空明镜，谓一切法圆满成就，无能坏性，一切世间境界之相，皆于中现，不出不入，不灭不坏，常住一心，一切染法所不能染，智体具足无边无漏功德为因，熏习一切众生心故。

三真实不空离障大义，如虚空明镜，谓烦恼所知二障永断和合识灭，本性清净常安住故。

四真实不空示现大义，如虚空明镜，谓依离障法随所应化，现如来等种种色声，令彼修行诸善根故。

不觉义者，谓从无始来不如实知真法一故，不觉心起而有妄念，然彼妄念自无实相，不离本觉，犹如迷人依方故迷，迷无自相不离于方，众生亦尔，依于觉故而有不觉妄念迷生，然彼不觉自无实相，不离本觉，复待不觉以说真觉，不觉既无真觉亦遣。

复次，依于觉故而有不觉，生三种相不相舍离。

一无明业相，以依不觉心动为业，觉则不动，动则有苦，果不离因故。

二能见相，以依心动能见境界，不动则无见。

三境界相，以依能见妄境相现，离见则无境，以有虚妄境界缘故，复生六种相。一智相，谓缘境界生爱非爱心；二相续相，谓依于智苦乐觉念相应不断；三执着相，谓依苦乐觉念相续而生执着；四执名等相，谓依执着分别名等诸安立相；五起业相，谓依执名等起于种种诸差别业；六业系苦相，谓依业受苦不得自在。

是故当知，一切染法悉无有相，皆因无明而生起故。

复次，觉与不觉有二种相：一同相，二异相。

言同相者，如种种瓦器皆同土相，如是无漏无明种种幻用，皆同真相，是故佛说，一切众生无始已来，常入涅槃。菩提非可修相，非可生相，毕竟无得，无有色相而可得见，见色相者，当知皆是随染幻用，非是智色不空之相，以智相不可得故，广如彼说。

言异相者，如种种瓦器各各不同，此亦如是。无漏、无明种种幻用，相差别故。

复次，生灭因缘者，谓诸众生依心意识转。此义云何？

以依阿赖耶识有无明不觉起，能见、能现、能取境界，分别相续，说名为意。

此意复有五种异名：一名业识，谓无明力不觉心动；二名转识，谓依心动能见境相；三名现识，谓现一切诸境界相，犹如明镜现众色像，现识亦尔，如其五境对至即现，无有前后不由功力；四名智识，谓分别染净诸差别法；五名相续识，谓恒作意相应不断，任持过去善恶等业令无失坏，成熟现未苦乐等报使无违越，已曾经事忽然忆念，未曾经事妄生分别。

　　是故三界一切皆以心为自性，离心则无六尘境界。何以故？一切诸法以心为主，从妄念起；凡所分别，皆分别自心，心不见心，无相可得。是故当知，一切世间境界之相，皆依众生无明妄念而得建立，如镜中像，无体可得，唯从虚妄分别心转，心生则种种法生，心灭则种种法灭故。

　　言意识者，谓一切凡夫依相续识执我我所，种种妄取六种境界，亦名分离识，亦名分别事识，以依见爱等熏而增长故。

　　无始无明熏所起识，非诸凡夫二乘智慧之所能知。解行地菩萨始学观察，法身菩萨能少分知，至究竟地犹未知尽，唯有如来能总明了。此义云何？以其心性本来清净，无明力故，染心相现；虽有染心，而常明洁，无有改变。复以本性无分别故，虽复遍生一切境界而无变易。以不觉一法界故不相应。

无明分别起生诸染心，如是之义甚深难测，唯佛能知非余所了。此所生染心有六种别。

一执相应染，声闻、缘觉及信相应地诸菩萨能远离；

二不断相应染，信地菩萨勤修力能少分离，至净心地永尽无余；

三分别智相应染，从具戒地乃至具慧地能少分离，至无相行地方得永尽；

四现色不相应染，此色自在地之所除灭；

五见心不相应染，此心自在地之所除灭；

六根本业不相应染，此从菩萨究竟地入如来地之所除灭。

不觉一法界者，始从信地观察起行，至净心地能少分离，入如来地方得永尽。

相应义者，心分别异，染净分别异，知相缘相同。不相应义者，即心不觉常无别异，知相、缘相不同。

染心者，是烦恼障，能障真如根本智故；无明者，是所知障，能障世间业自在智故。此义云何？以依染心，执着无量能取、所取虚妄境界，违一切法平等之性；一切法性，平等寂灭，无有生相。无明不觉，妄与觉违，是故于一切世间种种境界差别业用，皆悉不能如实而知。

复次，分别心生灭相者，有二种别：一粗谓相应心；二细谓不相应心。粗中之粗，凡夫智境；粗中之细，及细中之粗，菩萨智境。

此二种相，皆由无明熏习力起，然依因、依缘。因是不觉，缘是妄境；因灭则缘灭，缘灭故相应心灭，因灭故不相应心灭。

问：若心灭者，云何相续？若相续者，云何言灭？

答：实然。今言灭者，但心相灭，非心体灭。如水因风而有动相，以风灭故，动相即灭，非水体灭。若水灭者，动相应断，以无所依，无能依故，以水体不灭，动相相续。众生亦尔，以无明力令其心动，无明灭故动相即灭，非心体灭；若心灭者，则众生断，以无所依、无能依故，以心体不灭，心动相续。

复次，以四种法熏习义故，染、净法起，无有断绝。一净法，谓真如；二染因，谓无明；三妄心，谓业识；四妄境，谓六尘。

熏习义者，如世衣服，非臭非香，随以物熏，则有彼气。真如净法，性非是染，无明熏故，则有染相，无明染法，实无净业，真如熏故，说有净用。

云何熏习染法不断？所谓依真如故，而起无明，为诸染因。然此无明即熏真如，既熏习已，生妄念心，此妄念心复熏无明，以熏习故，不觉真法，以不觉故，妄境相现，以妄念心熏习力故，生于种种差别执着，造种种业，受身心等众苦果报。

妄境熏义有二种别：一增长分别熏，二增长执取熏。

妄心熏义亦二种别：一增长根本业识熏，令阿罗汉、辟支佛、一切菩萨受生灭苦；二增长分别事识熏，令诸凡夫受业系苦。

无明熏义亦二种别：一根本熏，成就业识义；二见爱熏，成就分别事识义。

云何熏习净法不断？谓以真如熏于无明，以熏习因缘力故，令妄念心厌生死苦，求涅槃乐。以此妄心厌求因缘，复熏真如，以熏习故，则自信己身有真如法，本性清净，知一切境界唯心妄动，毕竟无有。以能如是如实知故，修远离法，起于种种诸随顺行，无所分别，无所取着，经于无量阿僧祇劫，惯习力故，无明则灭。无明灭故，心相不起；心不起故，境界相灭。如是一切染因、染缘及以染果，心相都灭，名得涅槃，成就种种自在业用。

妄心熏义有二种别：一分别事识熏，令一切凡夫、二乘厌生死苦，随已堪能趣无上道；二意熏，令诸菩萨发心勇猛，速疾趣入无住涅槃。

真如熏义亦二种别：一体熏；二用熏。体熏者，所谓真如从无始来，具足一切无量无漏，亦具难思胜境界用，常无间断熏众生心，以此力故，令诸众生厌生死苦，求涅槃乐，自信己身有真实法，发心修行。

问：若一切众生同有真如，等皆熏习，云何而有信、不信者，从初发意乃至涅槃，前后不同无量差别？如是一切悉应齐等。

答：虽一切众生等有真如，然无始来无明厚薄，无量差别，过恒沙数，我见爱等缠缚烦恼亦复如是，唯如来智之所能知，故令信等前后差别。

又，诸佛法有因有缘，因缘具足，事乃成办，如木中火性，是火正因；若无人知，或有虽知而不施功，欲令出火焚烧木者，无有是处。众生亦尔，虽有真如体熏因力，若不遇佛、诸菩萨等善知识缘，或虽不修胜行不生智慧不断烦恼，能得涅槃，无有是处。又复虽有善知识缘，倘内无真如熏习因力，必亦不能厌生死苦，求涅槃乐，要因缘具足乃能如是。云何具足？谓自相续中有熏习力。诸佛菩萨慈悲摄护，乃能厌生死苦，信有涅槃，种诸善根修习成熟，以是复值诸佛、菩萨示教利喜，令修胜行乃至成佛入于涅槃。

用熏者，即是众生外缘之力有无量义，略说二种：一差别缘，二平等缘。

差别缘者，谓诸众生从初发心乃至成佛，蒙佛、菩萨等诸善知识，随所应化而为现身，或为父母，或为妻子，或为眷属，或为仆使，或为知友，或作怨家，或复示现天王等形，或以四摄，或以六度，乃至一切菩提行缘，以大悲柔软心、广大福智藏，熏所应化一切众生，令其见闻及以忆念如来等形增长善根。

此缘有二：一近缘，速得菩提故；二远缘，久远方得故。此二差别复各二种：一增行缘，二入道缘。

平等缘者，谓一切诸佛及诸菩萨，以平等智慧、平等志愿，普欲拔济一切众生，任运相续，常无断绝，以此智愿熏众生故，令其忆念诸佛、菩萨。或见，或闻，而作利益，入净三昧随所断障得无碍眼，于念念中，一切世界平等现见无量诸佛及诸菩萨。

此体用熏复有二别：一未相应，二已相应。未相应者，谓凡夫、二乘、初行菩萨，以意意识熏，唯依信力修行，未得无分别心修行，未与真如体相应故；未得自在业修行，未与真如用相应故。已相应者，谓法身菩萨得无分别心，与一切如来自体相应故；得自在业，与一切如来智用相应故。唯依法力任运修行，熏习真如灭无明故。

复次，染熏习，从无始来不断成佛乃断。净熏习，尽于未来毕竟无断，以真如法熏习故，妄心则灭，法身显现，用熏习起故无有断。

复次，真如自体相者，一切凡夫、声闻、缘觉、菩萨、诸佛无有增减，非前际生，非后际灭，常恒究竟，从无始来，本性具足一切功德。谓大智慧光明义，遍照法界义，如实了知义，本性清净心义，常乐我净义，寂静不变自在义，如是等过恒沙数，非同非异，不思议佛法，无有断绝，依此义故名如来藏，亦名法身。

问：上说真如离一切相，云何今说具足一切诸功德相？

答：虽实具有一切功德，然无差别相，彼一切法皆同一味一真，离分别相，无二性故。以依业识等生灭相，而立彼一切差别之相。此云何立？以一切法本来唯心，实无分别，以不觉故分别心起，见有境界，名为无明；心性本净，无明不起，即于真如立大智慧光明义，若心性见境，则有不见之相，心性无见则无不见，即于真如立遍照法界义，若心有动则非真了知，非本性清净，非常乐我净，非寂静，是变异不自在，由是具起过于恒沙虚妄杂染，以心性无动故，即立真实了知义，乃至过于恒沙清净功德相义，若心有起，见有余境可分别求，则于内法有所不足，以无边功德即一心自性，不见有余法而可更求，是故满足过于恒沙非异非一、不可思议诸佛之法，无有断绝，故说真如名如来藏，亦复名为如来法身。

复次，真如用者，谓一切诸佛在因地时发大慈悲，修行诸度四摄等行，观物同己普皆救脱，尽未来际不限劫数，如实了知自他平等，而亦不取众生之相，以如是大方便智，灭无始无明证本法身，任运起于不思议业，种种自在差别作用，周遍法界与真如等。而亦无有用相可得。何以故？一切如来唯是法身，第一义谛无有世谛境界作用，但随众生见闻等故，而有种种作用不同。

此用有二：一依分别事识，谓凡夫、二乘心所见者，是名化身，此人不知转识影现，见从外来取色分限，然佛化身无有限量。二依业识，谓诸菩萨从初发心，乃至菩萨究竟地心所见者，名受用身，身有无量色，色有无量相，相有无量好，所住依果亦具无量功德庄严，随所应见，无量、无边、无际、无断，非于心外，如是而见。此诸功德，皆因波罗蜜等无漏行熏及不思议熏之所成就，具无边喜乐功德相故，亦名报身。

又，凡夫等所见是其粗用，随六趣异种种差别，无有无边功德乐相，名为化身。

初行菩萨见中品用，以深信真如故得少分见，知如来身无去、无来、无有断绝。唯心影现不离真如，然此菩萨犹未能离微细分别，以未入法身位故。净心菩萨见微细用，如是转胜乃至菩萨究竟地中见之方尽，此微细用是受用身。以有业识见受用身，若离业识则无可见，一切如来皆是法身，无有彼此差别色相，互相见故。

问：若佛法身无有种种差别色相，云何能现种种诸色？

答：以法身是色实体故，能现种种色，谓从本已来，色心无二，以色本性即心自性，说明智身；以心本性即色自性，说明法身。一切如来所现色身，遍一切处，无有间断。十方菩萨随所堪任，随所愿乐，见无量受用身，无量庄严土，各各差别，不相障碍，无有断绝。此所现色身一切众生心意识不能思量，以是真如自在甚深用故。

复次，为令众生从心生灭门入真如门故，令观色等相皆不成就。云何不成就？谓分析粗色渐至微尘，复以方分析此微尘，是故若粗若细一切诸色，唯是妄心分别，影像实无所有，推求余蕴，渐至刹那，求此刹那相，别非一无为之法，亦复如是，离于法界终不可得，如是十方一切诸法应知悉然，犹如迷人，谓东为西，方实不转。众生亦尔，无明迷故，谓心为动而实不动。若知动心即不生灭，即得入于真如之门。

对治邪执者，一切邪执莫不皆依我见而起，若离我见，则无邪执。我见有二种：一人我见，二法我见。

人我见者，依诸凡夫说有五种：一者如经中说，如来法身究竟寂灭犹如虚空，凡愚闻之不解其义，则执如来性同于虚空常恒遍有，为除彼执，明虚空相唯是分别，实不可得，有见有对待于诸色，以心分别说名虚空。色既唯是妄心分别，当知虚空亦无有体，一切境相唯是妄心之所分别。若离妄心，即境界相灭，唯真如心无所不遍，此是如来自性如虚空义，非谓如空是常、是有。

二者如经中说，一切世法皆毕竟空，乃至涅槃真如法亦毕竟空，本性如是离一切相。凡愚闻之不解其义，即执涅槃真如法唯空无物，为除彼执明真如法身自体不空，具足无量性功德故。

三者如经中说，如来藏具足一切诸性功德，不增不减。凡愚闻已不解其义，则执如来藏有色心法自相差别，为除此执，明以真如本无染法差别，立有无边功德相，非是染相。

四者如经中说，一切世间诸杂染法，皆依如来藏起，一切法不异真如。凡愚闻之不解其义，则谓如来藏具有一切世间染法。为除此执，明如来藏从本具有过恒沙数清净功德，不异真如，过恒沙数烦恼染法，唯是妄有，本无自性。从无始来，未曾暂与如来藏相应，若如来藏染法相应，而令证会息妄染者，无有是处。

五者如经中说，依如来藏有生死得涅槃。凡愚闻之不知其义，则谓依如来藏生死有始，以见始故，复谓涅槃有其终尽。为除此执，明如来藏无有初际，无明依之生死无始，若言三界外更有众生始起者，是外道经中说，非是佛教。以如来藏无有后际，证此永断生死种子，得于涅槃亦无后际，依人我见四种见生，是故于此安立彼四。

法我见者，以二乘钝根，世尊但为说人无我，彼人便于五蕴生灭毕竟执着，怖畏生死妄取涅槃，为除此执，明五蕴法本性不生，不生故亦无有灭，不灭故本来涅槃，若究竟离分别执着，则知一切染法、净法皆相待立，是故当知，一切诸法从本已来，非色、非心、非智、非识、非无、非有，毕竟皆是不可说相，而有言说示教之者，皆是如来善巧方便，假以言语引导众生，令舍文字入于真实，若随言执义增妄分别，不生实智不得涅槃。

分别修行正道相者，谓一切如来得道正因，一切菩萨发心修习，令现前故。略说发心有三种相：一信成就发心，二解行发心，三证发心。

信成就发心者，依何位修何行，得信成就堪能发心，当知是人依不定聚，以法熏习善根力故，深信业果行十善道，厌生死苦求无上觉，值遇诸佛及诸菩萨，承事供养修行诸行，经十千劫信乃成就，从是已后，或以诸佛、菩萨教力，或以大悲，或因正法将欲坏灭，以护法故而能发心，既发心已入正定聚毕竟不退，住佛种性胜因相应，或有众生，久远已来善根微少，烦恼深厚覆其心故，虽值诸佛及诸菩萨承事供养，唯种人天受生种子，或种二乘菩提种子，或有虽求大菩提道，然根不定，或进，或退，或有值佛及诸菩萨供养承事修行诸行，未得满足十千大劫，中间遇缘而发于心。遇何等缘？所谓或见佛形相，或供养众僧，或二乘所教，或见他发心，此等发心皆悉未定，若遇恶缘或时退堕二乘地故。

复次，信成就发心，略说有三：一发正直心，如理正念真如法故；二发深重心，乐集一切诸善行故；三发大悲心，愿拔一切众生苦故。

问：一切众生、一切诸法皆同一法界，无有二相，据理但应正念真如，何假复修一切善行，救一切众生？

答：不然。如摩尼宝本性明洁，在矿秽中，假使有人勤加忆念，而不作方便，不施功力，欲求清净终不可得，真如之法，亦复如是。体虽明洁具足功德，而被无边客尘所染。假使有人勤加忆念，而不作方便不修诸行，欲求清净终无得理，是故要当集一切善行，救一切众生，离彼无边客尘垢染，显现真法。彼方便行略有四种。

一行根本方便，谓观一切法本性无生，离于妄见不住生死，又观一切法因缘和合业果不失，起于大悲，修诸善行，摄化众生不住涅槃，以真如离于生死涅槃相故，此行随顺以为根本，是名行根本方便。

二能止息方便，所谓惭愧及以悔过，此能止息一切恶法，令不增长，以真如离一切过失相故。随顺真如止息诸恶，是名能止息方便。

三生长善根方便，谓于三宝所起爱敬心，尊重供养顶礼称赞，随喜劝请正信增长，乃至志求无上菩提，为佛法僧威力所护，业障清净善根不退，以真如离一切障，具一切功德故。随顺真如修行善业，是名生长善根方便。

四大愿平等方便，谓发誓愿尽未来际，平等救拔一切众生，令其安住无余涅槃，以知一切法本性无二故，彼此平等故，究竟寂灭故。随顺真如此三种相发大誓愿，是名大愿平等方便。

菩萨如是发心之时，则得少分见佛法身，能随愿力现八种事，谓从兜率天宫来下、入胎、住胎、出胎、出家、成佛、转法轮、般涅槃，然犹未得名为法身，以其过去无量世来有漏之业未除断故，或由恶业受于微苦，愿力所持非久被系。有经中说，信成就发心菩萨，或有退堕恶趣中者，此为初学心多懈怠不入正位，以此语之令增勇猛，非如实说。又，此菩萨一发心后，自利利他修诸苦行，心无怯弱尚不畏堕二乘之地，况于恶道；若闻无量阿僧祇劫勤修种种难行苦行，方始得佛，不惊不怖，何况有起二乘之心及堕恶趣，以决定信一切诸法从本已来性涅槃故。

解行发心者当知转胜，初无数劫将欲满故，于真如中得深解故，修一切行皆无着故，此菩萨知法性离悭贪相，是清净施度，随顺修行檀那波罗蜜；知法性离五欲境，无破戒相，是清净戒度，随顺修行尸罗波罗蜜；知法性无有苦恼，离嗔害相，是清净忍度，随顺修行羼提波罗蜜；知法性离身心相，无有懈怠，是清净进度，随顺修行毗梨耶波罗蜜；知法性无动无乱，是清净禅度，随顺修行禅那波罗蜜；知法性离诸痴暗，是清净慧度，随顺修行般若波罗蜜。

证发心者，从净心地乃至菩萨究竟地。证何境界？所谓真如。以依转识说为境界，而实证中无境界相。此菩萨以无分别智，证离言说真如法身故，能于一念遍往十方一切世界，供养诸佛，请转法轮，唯为众生而作利益，不求听受美妙音词；或为怯弱众生故示大精进，超无量劫速成正觉；或为懈怠众生故，经于无量阿僧祇劫，久修苦行方始成佛。如是示现无数方便，皆为饶益一切众生，而实菩萨种性、诸根、发心、作证，皆悉同等，无超过法，决定皆经三无数劫成正觉故，但随众生世界不同，所见、所闻，根欲性异，示所修行种种差别。

此证发心中有三种心：一真心，无有分别故；二方便心，任运利他故；三业识心，微细起灭故。

又，此菩萨福德智慧二种庄严，悉圆满已，于色究竟得一切世间最尊胜身，以一念相应慧，顿拔无明根，具一切种智，任运而有不思议业，于十方无量世界普化众生。

问：虚空无边故，世界无边；世界无边故，众生无边；众生无边故，心行差别亦复无边。如是境界，无有齐限，难知难解，若无明断，永无心相。云何能了一切种，成一切种智？

答：一切妄境，从本已来理实唯一心为性，一切众生执着妄境，不能得知一切诸法第一义性，诸佛如来无有执着，则能现见诸法实性，而有大智显照一切染净差别，以无量无边善巧方便，随其所应利乐众生，是故妄念心灭，了一切种，成一切种智。

问：若诸佛有无边方便，能于十方任运利益诸众生者，何故众生不常见佛，或睹神变，或闻说法？

答：如来实有如是方便，但要待众生其心清净，乃为现身，如镜有垢色像不现，垢除则现，众生亦尔。心未离垢，法身不现，离垢则现。

云何修习信分？此依未入正定众生说。何者为信心？云何而修习？信有四种：一信根本，谓乐念真如法故；二信佛具足无边功德，谓常乐顶礼恭敬供养，听闻正法如法修行，回向一切智故；三信法有大利益，谓常乐修行诸波罗蜜故；四信正行僧，谓常供养诸菩萨众正修自利利他行故。

修五门行，能成此信。所谓施门、戒门、忍门、精进门、止观门。

云何修施门？谓若见众生来从乞求，以己资财随力施与，舍自悭着，令其欢喜。若见众生危难逼迫，方便救济，令无怖畏。若有众生而来求法，以己所解，随宜为说。修行如是三种施时，不为名闻，不求利养，亦不贪着世间果报，但念自他利益安乐，回向阿耨多罗三藐三菩提。

云何修戒门？所谓在家菩萨当离杀生、偷盗、邪淫、妄言、两舌、恶口、绮语、悭贪、瞋嫉、谄诳、邪见。若出家者为欲折伏诸烦恼故，应离愦闹，常依寂静，修习止足头陀等行，乃至小罪，心生大怖，惭愧悔责，护持如来所制禁戒，不令见者有所讥嫌，能使众生舍恶修善。

云何修忍门？所谓见恶不嫌，遭苦不动，常乐观察，甚深句义。

云何修精进门？所谓修诸善行，心不懈退。当念过去无数劫来，为求世间贪欲境界，虚受一切身心大苦，毕竟无有少分滋味；为令未来远离此苦，应勤精进，不生懈怠，大悲利益一切众生。其初学菩萨，虽修行信心，以先世来多有重罪恶业障故，或为魔邪所恼，或为世务所缠，或为种种病缘之所逼迫，如是等事，为难非一，令其行人废修善品，是故宜应勇猛精进，昼夜六时礼拜诸佛，供养、赞叹、忏悔、劝请，随喜回向无上菩提，发大誓愿，无有休息，令恶障销灭善根增长。

云何修止观门？谓息灭一切戏论境界是止义，明见因果生灭之相是观义。初各别修渐次增长，至于成就任运双行。

其修止者，住寂静处，结跏趺坐，端身正意，不依气息，不依形色，不依虚空，不依地水火风，乃至不依见闻觉知，一切分别想念皆除，亦遣除想。以一切法不生、不灭，皆无相故。前心依境次舍于境，后念依心复舍于心，以心驰外境摄住内心，后复起心不取心相，以离真如不可得故。

行住坐卧于一切时，如是修行恒不断绝，渐次得入真如三昧，究竟折伏一切烦恼，信心增长速成不退，若心怀疑惑，诽谤不信，业障所缠我慢懈怠，如是等人所不能入。

复次，依此三昧证法界相，知一切如来法身与一切众生身平等无二，皆是一相，是故说名一相三昧，若修习此三昧，能生无量三昧，以真如是一切三昧根本处故。

或有众生善根微少，为诸魔、外道、鬼神惑乱。或现恶形，以怖其心；或示美色以迷其意；或现天形，或菩萨形，乃至佛形相好庄严；或说总持，或说诸度，或复演说诸解脱门，无怨无亲、无因无果，一切诸法毕竟空寂，本性涅槃；或复令知过去、未来及他心事，辩才演说无滞无断，使其贪着名誉利养。或数瞋数喜，或多悲多爱，或恒乐昏寐，或久不睡眠，或身婴疹疾；或性不勤策，或卒起精进，即便休废；或情多疑惑，不生信受，或舍本胜行，更修杂业，爱着世事，溺情从好。或令证得外道诸定，一日二日乃至七日，住于定中，得好饮食，身心适悦，不饥不渴，或复劝令受女等色，或令其饮食乍少乍多，或使其形容或好或丑。若为诸见烦恼所乱，即便退失往昔善根。是故宜应审谛观察，当作是念：此皆以我善根微薄，业障厚重，为魔鬼等之所迷惑，如是知已，念彼一切皆唯是心，如是思惟，刹那即灭，远离诸相，入真三昧。心相即离，真相亦尽。从于定起，诸见烦恼皆不现行。以三昧力坏其种故，殊胜善品随顺相续，一切障难悉皆远离，起大精进，恒无断绝。若不修行此三昧者，无有得入如来种性，以余三昧皆是有相，与外道共，不得值遇佛菩萨故。是故菩萨于此三昧当勤修习，令成就究竟。

修此三昧，现身即得十种利益：一者常为十方诸佛菩萨之所护念；二者不为一切诸魔恶鬼之所恼乱；三者不为一切邪道所惑；四者令诽谤深法重罪业障皆悉微薄；五者灭一切疑诸恶觉观；六者于如来境界信得增长；七者远离忧悔，于生死中勇猛不怯；八者远离憍慢柔和忍辱，常为一切世间所敬；九者设不住定于一切时、一切境中，烦恼种薄终不现起；十者若住于定，不为一切音声等缘之所动乱。

复次，若唯修止，心则沉没，或生懈怠，不乐众善，远离大悲，是故宜应兼修于观。

云何修耶？谓当观世间一切诸法生灭不停，以无常故苦，苦故无我，应观过去法如梦，现在法如电，未来法如云，忽尔而起。应观有身悉皆不净，诸虫秽污烦恼和杂，观诸凡愚所见诸法，于无物中妄计为有，观察一切从缘生法，皆如幻等毕竟无实，观第一义谛非心所行，不可譬喻，不可言说。观一切众生，从无始来，皆因无明熏习力故，受于无量身心大苦，现在未来亦复如是，无边无限，难出难度，常在其中不能觉察，甚为可愍。

如是观已，生决定智，起广大悲，发大勇猛，立大誓愿，愿令我心离诸颠倒，断诸分别，亲近一切诸佛菩萨，顶礼供养恭敬赞叹，听闻正法如说修行，尽未来际无有休息，以无量方便拔济一切苦海众生，令住涅槃第一义乐。作是愿已，于一切时，随己堪能修行自利利他之行，行住坐卧常勤观察应作、不应作，是名修观。

　　复次，若唯修观则心不止息，多生疑惑，不随顺第一义谛，不出生无分别智，是故止观应并修行，谓虽念一切法皆无自性，不生不灭，本来寂灭自性涅槃，而亦即见因缘和合善恶业报不失不坏；虽念因缘善恶业报，而亦即见一切诸法无生无性，乃至涅槃。然修行止者，对治凡夫乐着生死，亦治二乘执着生死而生怖畏。修行观者，对治凡夫不修善根，亦治二乘不起大悲狭劣心过，是故止观互相助成不相舍离。若止观不具，必不能得无上菩提。

　　复次，初学菩萨住此娑婆世界，或值寒热风雨不时饥馑等苦，或见不善可畏众生，三毒所缠，邪见颠倒，弃背善道，习行恶法，菩萨在中心生怯弱，恐不可值遇诸佛菩萨，恐不能成就清净信心，生疑欲退者，应作是念：十方所有诸佛菩萨，皆得大神通无有障碍，能以种种善巧方便，救拔一切险厄众生。作是念已，发大誓愿：一心专念佛及菩萨，以生如是决定心故，于此命终必得往生余佛刹中，见佛菩萨，信心成就，永离恶趣。如经中说，若善男子善女人，专念西方极乐世界阿弥陀佛，以诸善根回向，愿生决定得生，常见彼佛，信心增长，永不退转。于彼闻法，观佛法身，渐次修行，得入正位。

云何利益分？如是大乘秘密句义今已略说，若有众生，欲于如来甚深境界广大法中生净信觉解心，入大乘道无有障碍。于此略论，当勤听受，思惟修习，当知是人决定速成一切种智。若闻此法不生惊怖，当知此人定绍佛种速得授记。假使有人，化三千大千世界众生，令住十善道，不如于须臾顷正思此法，过前功德无量无边。若一日一夜如说修行，所生功德无量无边，不可称说。假令十方一切诸佛，各于无量阿僧祇劫，说不能尽，以真如功德无边际故，修行功德亦复无边。若于此法生诽谤者，获无量罪，于阿僧祇劫受大苦恼，是故于此应决定信，勿生诽谤，自害害他，断三宝种，一切诸佛依此修行成无上智，一切菩萨由此证得如来法身，过去菩萨依此得成大乘净信，现在今成未来当成，是故欲成自利利他殊胜行者，当于此论勤加修学。

我今已解释，甚深广大义，
功德施群生，令见真如法。

2 大乘起信论序

梁扬州僧智恺作

夫起信论者，乃是至极大乘，甚深秘典，开示如理缘起之义。其旨渊弘，寂而无相；其用广大，宽廓无边。与凡圣为依，众法之本。以其文深旨远，信者至微，故于如来灭后六百余年，诸道乱兴，魔邪竞扇，于佛正法毁谤不停。时有一高德沙门，名曰马鸣，深契大乘，穷尽法性，大悲内融，随机应现，愍物长迷，故作斯论，盛隆三宝，重兴佛日。起信未久，回邪入正，使大乘正典，复显于时；缘起深理，更彰于后代。迷群异见者，舍执而归依，暗类偏情之党，弃着而臻凑。

自昔已来，久蕴西域，无传东夏者，良以宣译有时。故前梁武皇帝，遣聘中天竺摩伽陀国取经，并诸法师，遇值三藏拘兰难陀，译名真谛，其人少小博采，备览诸经，然于大乘偏洞深远。时彼国王应即移遣，法师苦辞不免，便就泛舟，与瞿昙及多侍从，并送苏合佛像来朝。而至未旬，便值侯景侵扰。法师秀采拥流，含珠未吐，慧日暂停，而欲还反，遂嘱值京邑英贤慧显、智韶、智恺、昙振、慧旻，与假黄钺大将军太保萧公勃，以大梁承圣三年，岁次癸酉九月十日，于衡州始兴郡建兴寺，敬请法师敷演大乘，阐扬秘典，示导迷徒，遂翻译斯论一卷，以明论旨，《玄文》二十卷、《大品玄文》四卷、《十二因缘经》两卷、《九识义章》两卷，传语人天竺国月支首那等，执笔人智恺等，首尾二年方讫。马鸣冲旨，更曜于时，邪见之流，伏从正化。

　　余虽慨不见圣，庆遇玄旨，美其幽宗，恋爱无已，不揆无闻，聊由题记。傥遇智者，赐垂改作。

（据南京佛经流通处本）

3　新译大乘起信论序

未详作者

　　夫声同则应，道合自邻，是以法雄命宗，赖宣扬乎法子，素王垂范，假传述乎素臣，盖德必不孤，圣无虚应矣。

　　《起信论》者，大乘之秘典也。佛灭度后五百余年，有马鸣菩萨出兴于世，时称四日道王五天，转不退轮，建无生忍。铭总持之智印，宅毕竟之真空。受波奢付嘱，蒙释尊远记，善说法要，大启迷津。欲使群生殖不坏之信根，下难思之佛种，故造斯论。

　　其为论也，示无价宝，诠最上乘，演恒沙之法门，惟在方寸；开诸佛之秘藏，本自一心；遣执而不丧其真，存修而亦忘其相；少文而摄多义，假名而会深旨。落落焉皎智月于净天，滔滔焉注禅河于性海，返迷归极，莫不由之。

此论东传，总经二译。初本即西印度三藏法师波罗末陀，此云真谛，以梁元帝承圣三年岁次癸酉九月十日，于衡州始兴郡建兴寺，共扬州沙门智恺所译。此本即于阗国三藏法师实叉难陀，赍梵文至此，又于西京慈恩塔内，获旧梵本，与义学沙门荆州弘景、崇福法藏等，以大周圣历三年岁次癸亥十月壬午朔八日己丑，于授记寺，与《华严经》相次而译。沙门复礼笔受，开为两卷。然与旧翻时有出没。盖译者之意，又梵文非一也。

夫理幽则信难，道尊则魔盛。况当劫浊，尤更倍增。故使偏见之流，执成唯识，诽毁此论真妄互熏。既形于言，遂彰时听；方等甘露，翻为毒药。故经云："唯佛与佛乃能究尽诸法实相。"岂可辄以凡心贬量圣旨！

夫真如者，物之性也，备难思之业用，蕴不空之胜德，内熏妄法，令起厌求，故《胜鬘经》云："由有如来藏，令厌生死苦，乐求涅槃。"又经云："阐提之人，未来以佛性力故，善根还生，如彼净珠，能清浊水。"是胜义之常善，异太虚之无记。故经云："佛性常故，非三世摄；虚空无故，非三世摄。"岂执事空以齐真理？

夫论妄者，依理，故迷真性；随流，为妄漂动。故经云：“随其流处有种种味。”又《楞伽经》云：“如来藏为无始虚伪恶习所熏，名为识藏。”《密严经》云：“佛说如来藏，以为阿赖耶。”恶慧不能知，藏即赖耶识，虽在缠而体净，不变性而成迷。故经云：“然药真味，停留在山，犹如满月。”又云：“虽处五道，受别异身，而此佛性常恒不变。”若言真不熏妄，妄不熏真，真妄两殊，岂会中道？故梁《摄论》云：“智慧极盲暗，谓真俗别执。”今则真为妄体，妄假真成，性相俱融，一异双遣。故《密严经》云：“如来清净藏，世间阿赖耶，如金与指环，展转无差别。”圣教明白，何所致疑。良由滞相而乖真，寻末而弃本，言越规矩，动成戏论，自贻圣责，深可悲哉！

余少小以来，专心斯论，玩味不已，讽诵忘疲。课拙传扬二十余遍，虽未究深旨，而粗识文意。以为大乘明镜，莫过于此。幸希宗心之士，时览斯文。庶日进有功，聊为序引云尔。

（据金陵刻经处本）

4　大乘起信论义记摘录

唐京兆府魏国西寺沙门释法藏撰

　　夫真心寥廓，绝言象于筌蹄；冲漠希夷，亡境智于能所。非生非灭，四相之所不迁；无去无来，三际莫之能易。但以无住为性，随派分歧，逐迷悟而升沉，任因缘而起灭。虽复繁兴鼓跃，未始动于心源；静谧虚凝，未尝乖于业果。故使不变性而缘起，染净恒殊；不舍缘而即真，凡圣致一。其犹波无异水之动，故即水以辨于波；水无异动之津故，即波以明于水。是则动静交彻，真俗双融，生死涅槃，夷齐同贯。

　　但以如来在世，根熟易调，一禀尊言，无不悬契。大师没后，异执纷纶，或趣邪途，或奔小径，遂使宅中宝藏，匿济乏于孤穷；衣内明珠，弗解贫于佣作。加以大乘深旨，沉贝叶而不寻；寻有盲徒，驰异路而莫返。

　　爰有大士，厥号马鸣，慨此颓纲，悼斯沦溺。将欲启深经之妙旨，再曜昏衢；斥邪见之颠眹，令归正趣。使还源者可即，返本非遥；造广论于当时，遐益群品。既文多义邈，非浅识所窥，悲末叶之迷伦，又造斯论。可谓义丰文约，解行俱兼，中下之流，因兹悟入者矣。

然则大以包含为义，乘以运载为功，起乃对境兴心，信则于缘决定，往复析征，故称为论。故云《大乘起信论》。

第三显教分齐者，于中有二：先叙诸教，后随教辨宗。前中此方诸德，立教开宗，纷扰多端，难可具陈，略述十家，如《华严疏》中。又古代译经，西来三藏，所立教相，亦有多门，略举五家，亦如彼说。

今中天竺国三藏法师地婆诃罗，唐言日照，在寺翻译。余亲问，说云：近代天竺那烂陀寺，同时有二大德论师，一曰戒贤，一曰智光，并神解超伦，声高五印，六师稽颡，异部归诚，大乘学人，仰之如日月。独步天竺，各一人而已。遂所承宗异，立教互违。谓戒贤则远承弥勒、无著，近踵护法、难陀，依《深密》等经、《瑜伽》等论，立三种教，以法相大乘为真了义。谓佛初鹿园转于四谛小乘法轮，说诸有为法从缘生，以破外道自性因等，又由缘生无人我故，翻彼外道说有我等。然犹未说法无我理，即"四阿含经"等。第二时中，虽依遍计所执，而说诸法自性皆空，翻彼小乘。然于依他、圆成，犹未说有，即诸部《般若》等。第三时中，就大乘正理，具说三性、三无性等，方为尽理，即《解深密经》等。是故于彼因缘生法，初唯说有，即堕有边；次唯说空，即堕空边；既各堕边，俱非了义。后时具说所执性空，余二为有，契合中道，方为了义。此依《解深密经》判。二智光论师，远承文殊、龙树，近禀提婆、清辩，依《般若》等经、《中观》等论，亦立三教，以明无相大乘为真了义。谓佛初鹿园为诸小根说于四谛，明心境俱有。次于中时，为彼中根说法相大乘，明境空心有唯识道理，以根犹劣，未能令入平等真空，故作是说。于第三时，为上根说无相大乘，辨心境俱空，平等一味，为真了义。

第二随教辨宗者，现今东流一切经论，通大小乘，宗途有四：一随相法执宗，即小乘诸部是也。二真空无相宗，即《般若》等经、《中观》等论所说是也。三唯识法相宗，即《解深密》等经、《瑜伽》等论所说是也。四如来藏缘起宗，即《楞伽》《密严》等经，《起信》《宝性》等论所说是也。此四之中，初则随事执相说，二则会事显理说，三则依理起事差别说，四则理事融通无碍说。以此宗中，许如来藏随缘成阿赖耶识，此则理彻于事也；亦许依他缘起无性同如，此则事彻于理也。又此四宗，初则小乘诸师所立，二则龙树、提婆所立，三是无著、世亲所立，四是马鸣、坚慧所立。然此四宗，亦无前后时限差别，于诸经论，亦有交参之处，宜可准知。今此论宗意，当第四门也。

（据金陵刻经处本）

5 大乘起信论续疏自序

明·通润撰

　　大雄氏现相人中，虽说无量法门，若统其归趣，唯是一心；若汇其流派，则有三宗：曰法相、曰破相、曰法性而已。

　　言法相者，谓依生灭八识，建五位，开百法，立三性，分二我，行必资于渐满，惑必期乎渐断，果必立乎三祇。故有六度可修，有无明可克，有菩提可证，其于教也为渐。此法相之大旨也。

　　言破相者，谓依寂灭一心，直显真性，不说法相，一切所有，唯是妄想。一切法界，唯是绝言，五法三自性俱空，八识二无我悉遣，诃教劝离，毁相泯心，生心即妄，不生即佛，无六度可修，无无明可克，无菩提可证，其于教也为顿。此破相之大旨也。

若夫法性者，统依寂灭一心，而有六粗三细，故开真如门以显空诸所有，立生灭门以明实诸所无。虽真如廓尔，而果报不失；虽惑业纷纶，而法性不动。即性即相，即空即有，即妄即真，其于教也为顿悟渐修。此法性之大旨也。

故宗法相者，谓真如不变，不许随缘，但说万法皆从识变，而事事俱有，其弊也流而为常、为执着。

宗破相者，谓缘生之法，不入法性，故说三界唯是一心，而法法皆空，其弊也流而为断，为莽荡。

宗法性者，谓真如不变随缘，而能成一切法，故无法法俱空之弊。由真如随缘不变，而能泯一切法，故无事事俱有之偏。此则空有迭彰，执荡双遣，故知即万法以显有者为妙有，离万法以显空者为真空。不即不离，以显中者，即真空以显妙有，故虽空而不空；即妙有以显真空，故虽有而不有。

然前之二宗，虽建立不同，各有妙旨，而马鸣总以一心九识统之，若鼎之三足，伊之三点。不纵不横，不离不即，实与《楞严》一心三观之旨，并行不悖。此马鸣一论尤为圆通无碍，独出无对者也。

是论之作，菩萨有释，贤首有疏，永明主此论而作《宗镜》，故集《宗镜》中互相发明者，作《续疏》。言《续疏》者，是续贤首之疏，以显不外贤首，亦不尽贤首也。其中以有法立总别三量，为一论提纲。智者即量以通论，则不唯了法性一宗，并可了法相，破相二宗也已。

（据《卍续藏经》第七十二册）

参考书目

1.《大乘起信论》　　　　　　　　　梁·真谛译

2.《大乘起信论》　　　　　　　　　唐·实叉难陀译

3.《大般涅槃经》　　　　　　　　　北凉·昙无谶译

4.《楞伽经》　　　　　　　南朝宋·求那跋陀罗译

　　　　　　　　　以上均南京佛经流通处刻本

5.《起信论一心二门大意》　　南朝陈·智恺撰

6.《大乘起信论义疏》　　　　　　隋·昙延撰

7.《大乘起信论义疏》　　　　　　隋·慧远撰

8.《大乘起信论义记》　　　　　　唐·法藏撰

9.《大乘起信论义记别记》　　　　唐·法藏撰

10.《大乘起信论略述》　　　　　　唐·昙旷撰

11.《起信论疏笔削记》　　　　　　宋·子璇录

12.《大乘起信论续疏》　　　　　　明·通润述

13.《大乘起信论直解》　　　　　　　　明·德清述

14.《大乘起信论裂网疏》　　　　　　　明·智旭述

15.《起信论疏记会阅》　　　　　　　　清·续法会编

16.《大乘起信论疏记会本》　　　　　　新罗·元晓辑

17.《大乘起信论别记》　　　　　　　　新罗·元晓撰

　　　　　以上均见《卍续藏经》第七十一、七十二册

18.《大乘起信论讲义》　　　　　　　　　　圆瑛述

　　　　　　　　上海佛教协会一九八六年版

19.《大乘起信论讲记》　　　　　　　　　　方伦述

　　　　　　　　台湾佛光出版社一九八六年版

20.《大乘起信论真伪辩》　　　　太虚编　武昌印经处本

21.《大乘起信论与楞严经考辨》　　　　张曼涛编

　　　　　"现代佛教学术丛刊"第三十五册　台湾

　　　　　　　大乘文化出版社一九八〇年版

22.《大乘起信论考证》　　　　梁启超　商务印书馆本

23.《肇论》　　　　　　　　　僧肇　金陵刻经处

24.《杨仁山居士遗著》　　　　杨文会　金陵刻经处

25.《欧阳竟无先生内外学》　　欧阳竟无　金陵刻经处

26.《新唯识论》　　　熊十力　中华书局一九八五年版

27.《中国佛学源流略讲》吕澂　中华书局一九七九年版

28.《印度佛学源流略讲》　　　　　　　　　　吕澂

　　　　　　　上海人民出版社一九七九年版

29.《汉魏两晋南北朝佛教史》　　　　　　汤用彤

　　　　　　中华书局一九八三年版

30.《中国禅宗史》　　　　　　　　　　　印顺

　　　　　　江西人民出版社一九九二年版

31.《中国哲学原论　原道篇卷二》

　　　　　　台湾学生书局一九八四年版

32.《佛性与般若》上、下册　　　　　　　牟宗三

　　　　　　台湾学生书局一九八四年版

33.《华严宗哲学》上、下册　　　　　　　方东美

　　　　　　黎明文化事业公司一九八六年版

出版后记

　　星云大师说："我童年出家的栖霞寺里面，有一座庄严的藏经楼，楼上收藏佛经，楼下是法堂，平常如同圣地一般，戒备森严，不准亲近一步。后来好不容易有机缘进到藏经楼，见到那些经书，大都是木刻本，既没有分段也没有标点，有如天书，当然我是看不懂的。"大师忧心《大藏经》卷帙浩繁，又藏于深山宝刹，平常百姓只能望藏兴叹；藏海无边，文辞古朴，亦让人望文却步。在大师倡导主持下，集合两岸近百位学者，经五年之努力，终于编修了这部多层次、多角度、全面反映佛教文化的白话精华大藏经——《中国佛教经典宝藏》，将佛教深睿的奥义妙法通俗地再现今世，为现代人提供学佛求法的方便途径。

　　完整地引进《中国佛教经典宝藏》是我们的夙愿，

三年来，我们组织了简体字版的编审委员会，编订了详细精当的《编辑手册》，吸收了近二十年来佛学研究的新成果，对整套丛书重新编审编校。需要说明的是此次出版将丛书名更改为《中国佛学经典宝藏》。

佛曰：一旦起心动念，也就有了因果。三年的不懈努力，终于功德圆满。一百三十二册，精校精勘，美轮美奂。翰墨书香，融入经藏智慧；典雅庄严，裹沁着玄妙法门。我们相信，大师与经藏的智慧一定能普应于世，济助众生。

东方出版社